現役東大生の

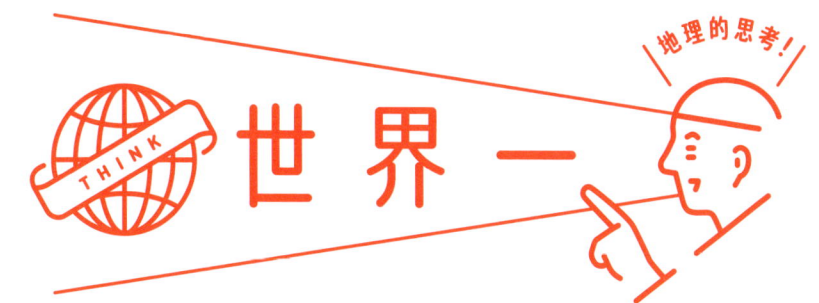

地理的思考！

THINK

世界一

おもしろい

教養講座

x　正しく未来を　→　y　見通すための

「地理的思考」入門

西岡壱誠

実務教育出版

はじめに

　この本は、「風が吹けば桶屋が儲かる」方式、つまり「一見、無関係と思われる物事と物事をロジックでつなげていくことで、めちゃくちゃ面白い関係性が見えてくる」本です。

　「どんな本だよ？」と、ツッコミたくなるかもしれません。

　しかし、本書の内容は、偏差値35から東大に合格し、教養ある東大生100名以上を取材し、東大教養学部で2年間学んできた僕がたどり着いた「教養の本質」なのです。

　本編を読む前に少し、僕の話におつき合いください。

　きっと、ページをめくる手が止まらなくなるはずです。

9割の人が、教養の本当の意味を勘違いしている

「教養」という言葉が取りざたされるようになって久しいですね。

　大学でも横文字で教養を意味する「リベラルアーツ」をうたう学部が増えていて、本屋に行けば「大人にふさわし

い『教養』が必要だ」と語る本が多くなっています。

　でも、そんな風潮だからこそ、僕は皆さんにお聞きしたいのです。**本当の教養って、いったい何でしょうか？　と。**

　この質問に対して、多くの方は「そりゃ、いろんな知識のことじゃないの？」といいます。つまり、多くの知識を持っている状態が「教養がある」ということだ、と。

　しかし、本当にそうでしょうか？　実はこれ、東大の教授が考えている概念とはまるっきり違うのです。

　ご存じの方も多いと思いますが、東大ではどの学部・どんな進路に進む人でも1、2年生の間は「教養学部」という学部で一般教養を学ぶことが義務づけられています。

　当然僕もそこで2年間を過ごしたのですが、そこで教授が語っていたのは、次のようなことでした。

「教養とは、『活用できる知識』のことです。教養がある人というのは、活用できる知識を持っている人のことを指します」

　これが、東大が考えている教養です。

　つまり、いくら知識を持っていても、その使い方がわかっていなければ何の意味もない。**教科書に書いてあることを丸暗記していたとしても、それを現実社会で、身の回り**

のことと「結びつけて」考えることができなければ、何の意味もないのです。

　東大の現総長である五神真総長（ごのかみまこと）は、東大入試について「最低限の知識を前提として、それを活かして問題を解く能力を問う問題を出題している」と語っています。

　その言葉通り、**東大は日本一難しい大学と言われているにもかかわらず、教科書の内容を丸暗記したり、参考書を何冊も覚えていないと解けないような問題は出題されません。**知識量ではなく、知識の使い方を問うているのです。

　つまり、東大が受験生に対して求めているのは、知識量ではないのです。**知識を活用する力、または「活用できる知識」、つまり東大が定義する「教養」そのものなのです。**

　この能力は、これからの社会でもよりはっきりと求められていくようになると僕は考えています。

AI社会に生き残る人材に欠かせない「地理的思考」

　2020年、世界に存在するスマートフォンは60億台を超

えると言われています。また同じ年に「5G」という新しい通信システムになると、なんと今の100倍の通信速度になるといわれています。ですから、スマホで検索すれば、どんな知識も情報も、ほぼ一瞬で手に入るようになります。

　ということは、本などで丸暗記するより、スマホで調べた方が早い。現在、スマホアプリによってさまざまな仕事が効率化しています。今から10〜20年後には、日本の労働の約半分が消滅し、AIやロボットに取って代わられるだろうといわれているのです。

　こんなに社会が大きく変わろうとしている時代は、過去存在しなかったかもしれません。**そんな中で、現在のスマホやAIにはできず、人間だけにできること、それが「知識を活用すること」。すなわち、東大の定義する教養を身につけることなのです。**

　これからの時代、「東大型教養」がないと社会の変化についていけなくなってしまうのです。これはもちろん、東大生も例外ではありません。

　そしてそんな中で、「2020年入試改革」というものが行われようとしています。センター試験という知識詰め込み

型の試験が廃止され、より知識の活用の仕方を問う試験へと変化しようとしています。

これは、国や大学の教授が「これからの時代は、知識を吸収するだけでは意味がない」と考えたからにほかなりません。**言ってしまうならば、東大型の知識吸収が、これからの時代に求められるスタンダードになろうとしているのです。**

つまり、教養を得るのであれば、東大型の知識吸収メソッドを学ぶのが一番ということです。

そう考えた時に、東大と他の大学とで、明確に異なる点があります。それは、「地理という科目を重視している」ということです。

大学入試を終えた方も、そうでない方もおわかりだと思いますが、大学の入学試験で、地理というのは比較的マイナーな科目です。「社会」という科目全体を考えても、世界史や日本史を選ぶ学生が多いですし、そもそも「地理」自体を入試科目に採用しない大学も多くあります。

しかし、**東大だけは、「世界史」「日本史」「地理」の3科目の中から2つの科目を選ばなければいけないことに**

なっています。 いうまでもなく「日本史」と「世界史」の両方を選ぶのは大変なので、かなりの割合の学生が日本史または世界史に加え、地理を選びます。

では、いったいなぜ、東大は「地理」を重視しているのでしょうか。そもそも、地理とはなんなのでしょうか?

東大が求めているのは学力ではなく「教養力」

「地理」と聞くと、多くの方は「世界地図のどこにどんな国がある」とか、「北海道の緯度はどれくらい」とか、そういう「地図」をイメージすると思います。

そのイメージは、半分正しくて、半分間違っています。たしかに、地理というのは地図に立脚して「どこの地域で何が起こっているのか」を考える学問です。

でも、実は皆さんが思っているより、ずっとずっと地理のスケールは大きいのです。

地理とは、「地球上の理（ことわり）」を意味します。つまり、「地球全体で何が起こっているのか」を考える学問、それが地理なのです。

たとえば、気候。

　世界には暖かい地域もあれば、冷たい地域もあります。雨が降るところも、まったく降らないところもあります。土壌が豊かで農業をしやすいところもあれば、そうでないところもあります。

　たとえば、人口。

　人が多いところ、少ないところ、人種が混ざっているところ、民族的に同じようなところ……。それに、宗教も価値観も、国が変われば大きく異なるものです。いや、国の中でも、いろいろ分かれている場合だってあります。

　たとえば、資源。

　日本のように資源に乏しい地域もあれば、アラブのように石油資源が豊富にある地域もあります。資源ひとつとっても、石炭などの固体から、石油などの液体、金やダイヤモンドのような金属、今世間の注目を集めているシェールガスなどの気体まで、さまざまなものがあります。

　こういった、「地球上に存在するコト・モノを学び、それを生かして現在の世界を考察する方法」を学ぶことが、本来の地理という学問の本質なのです。

　ここまで読んできて、「でも、気候とか人口とか、教養

と何の関係があるの？」と思った方もいるでしょう。

　実は、大いに関係があるどころか、地理こそが教養のすべてだと言っても過言ではないのです。

　先ほど僕は、「活用できる知識」が教養だとお話ししました。そうです。**地理というのはまさに「活用できる知識」そのものなのです。**気候も、人口も、資源も、地理で学ぶことそのものが、過去・現在・そして未来の世界を形作っています。

　逆に言えば、僕たちの身の回りにあるちょっとしたことも、皆さんが日々聞いているニュースも、歴史上の出来事も、あるいは今の経済だって、根本にあるのは「地理」なのだ、ということです。

「地理」を学び、「地理」を活かして世界を見る方法を知れば、どんな人でも世界をより深く理解することができる。つまり、本物の深い教養を身につけることができるのです。

「本当にそんなことが可能なの？」

　と思われる方もいると思いますが、本書の著者である僕自身がその証拠です。僕は、地理を徹底的に勉強することで、東大に合格できるレベルの「教養力」を得ることがで

きたのです。

地理の勉強が、僕を東大に導いてくれた

僕が現役高校生時代の偏差値は「35」でした。

　高校3年生になった時の模試の成績は本当に最悪で、英語は3点、数学は18点。文字どおり惨憺（さんたん）たる結果でした。そんな僕が無謀にも東大を目指した時、当然ながら何をどう勉強していいか、まったくわかりませんでした。

　そもそも勉強のとっかかりがないために、どの科目を勉強しても、自分の脳内にたまっていく感覚が得られないのです。まさに、「知識」だけを追っている状態でした。

　そんな中で、僕は地理の勉強からはじめました。当時、地理の先生がとても面白い授業をする方で、その先生について勉強していくうちに、地理の面白さに気づき、地理が大好きになったのです。

　結局、僕はそこから現役・1浪と不合格になるのですが、地理の成績だけは決して悪くなく、むしろいい方でした。

　そして、ほかの科目の勉強をする上でも、地理で学んだ

ことが活かせるタイミングが飛躍的に増えたのです。

「おっ！　この英語の文章、地理で学んだことからつなげて考えることができるぞ」
「おっ！　この国の歴史って、地理で教わったアレを前提に考えると、わかりやすくなるぞ」

　そんなふうに、地理をとっかかりにすることで、ほかの科目を勉強することに成功したのです。

　そうやってほかの科目を勉強していく中で、地理の成績も上がりました。ほかの科目とつなげる中で、地理への理解も深まったというわけです。

　東大に合格した今も、僕は地理が大好きです。

　地理の勉強になる本は年間50冊以上読んでいますし、毎年全国の大学の地理の入試問題を解いています。2019年のセンター試験の地理の問題を的中させたりもしました。

　そんな僕だからこそ、受験生にも社会人の方にも、「教養を手に入れたいと思うなら、地理からはじめるといいですよ！」とおすすめしています。

　ちなみに、同じ東大生と話していて「地理に詳しい東大

生は、やっぱり教養があるな」と感じることが多いです。

　地理的思考力を持っている人の話は多面的に物事を見ているることが多く、「よくそんなこと知ってるな」と思う話をしてくれる人はみんな、地理を勉強している学生が多い印象を受けます。やはり「地理は教養に直結する」のです。

　僕は今、全国４つの高校で「リアルドラゴン桜プロジェクト」という事業に携わっていて、高校生に勉強のメソッドを教え、先生方にも講義をさせていただいています。

　その中でも真っ先にお話しするのは「教養とは、活用できる知識のことだ」ということと、「それを学ぶためには地理が一番だ」ということです。

「そうはいっても、地理をどう活用すればいいの？」
「活用の仕方がわからない」
　という人もいるでしょう。

　それはもっともな感想だと思います。それが、僕がこの本を書いた理由なのですから。

　この本では、「地理を活かして世界を見る手段」をたくさんご紹介します。ふだん皆さんの身の回りにあることが、実は根本原因をたどっていったら地理につながる……。「風が吹けば桶屋が儲かる」のロジックのように、意外な

ものと地理とのつながりを、皆さんにご紹介します。

　もちろん、物事には多くの原因が存在していますから、今からご説明するのもその原因のひとつでしかないのかもしれません。しかし、地理というのが実はどんな物事の背景にもなっているのだということを、この本から知ってもらえると思います。自分の好きなトピック、興味のあるトピックから読んでもらって大丈夫です。

　なぜ、キムチは辛いのか？
　なぜ、ソ連は崩壊したのか？
　なぜ、「太陽の塔」が作られたのか？

　などなど、日常の疑問の背景にあるのは、いつも「地理」です。この本で地理の本質を知り、地理の活用法がわかれば、知識と知識をより深く結びつけて、仕事や日常で使える「教養」として理解できるようになるはずです。
　ぜひ、皆さんに「地理」から教養を身につけていただけたら、著者としてとても嬉しく思います。

西岡壱誠

目　次

3 | 国際社会のイザコザは いつだって地理から始まる

4 世界の歴史は
いつだって地理から生まれてきた

1

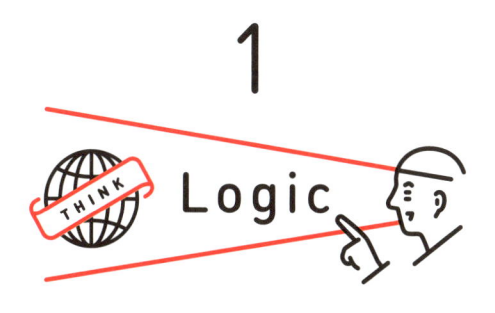

THINK Logic

身の回りのことは

いつだって

地理で

説明できる

マンガ

山

日本のアニメやマンガは「クールジャパン」と呼ばれ、

全世界に大きな影響を与えています。

「ONE PIECE」の新刊は世界のマンガ好きから

待ち望まれ、「NARUTO」の主人公、

ナルトのおかげで、どんな国の人も「ニンジャ」を

知っています。アニメとマンガの聖地・秋葉原には

世界中から多くの人々が訪れ、アニメグッズや

マンガを買っていきます。世界的に見ても、

これだけマンガ・アニメの文化が流行っている国は、

非常にまれです。では、そもそもなぜ、

日本でマンガ文化が生まれたのでしょうか……？

日本で

マンガ文化が

花開いたのは

日本が

山がち

だからだ

Logic 1

コメを作るために、資源を
親族で分け合う文化が生まれる

日本には、山が多くあります。日本の国土は新期造山帯というものに属しており、地震も多ければ火山も多く、そして温泉も多い、そういう国です。ですから、日本の平野部の割合は、ほかの国と比べてかなり低くなっています。

そういう国土だと、川や平野といった天然資源を、多くの人たちで分け合わなくてはいけません。国土の中で使える場所や使える資源が限られている以上、みんなでちゃんと分け合わないとうまくいかないのです。

しかも、これらの資源はけっこう管理が難しいときています。まず、資源が限られている以上、誰かが好き勝手に「ここ俺の土地な！」「この川もーらい！」などとやっていては、あっという間にイザコザが生まれ、やがては戦争になってしまいます。

また、今でも起こる問題ですが、上流の人が川の水を取

りすぎると、下流の人が困りますよね？　自分のことだけ考えていては、共倒れになってしまう。そういうちょっと厳しい国土なのが日本なのです。

そんな日本で、私たちはコメを主食としています。コメというのは、十分な量の水を田んぼに引いてこないと作れないもの。ということは、平野部で、みんなで協力して米作りをするためには、土地と川の使い方について話し合って、きちんと取り決めを交わす必要がある、ということなのです。

この取り決めを行う際に大切になったのが、「親族」という概念です。

「この土地と川は、私たちの一族とあなたたちの一族が半分ずつ所有するものとしよう」

「上流の私たちはこれくらい水を取る。この量なら、下流のあなたたちにも水が十分に流れるはずだ」

「よし、それなら文句はない！」

と、親族間で同じ資源を分け合うことで、平和的に資源の分割を行っていたのでした。

Logic 2

親族関係が密になり、
西洋的な個人主義が生まれない

話し合って土地や川を分けるようになると、今度は親族関係が密になっていきます。日本人の多くは叔父や叔母、いとこ、はとこたちと親戚づきあいがありますよね。一切しない、という人は少ないと思います。

実は、こうした3世代以上にわたる親族関係は、他の国では珍しいものです。西洋は「個人主義」と呼ばれ、「私は私、あなたはあなた」という価値観が濃く、中国などでも、血のつながりは重視しても、血縁関係のない人とはあまり関わらない場合も多いのです。西洋や中国では、親族同士が一線を引き、独立独歩で生きてきたためかもしれません。逆に、日本人の親族関係の濃さは、昔から「みんなで助け合う」という価値観の中で生きてきたためだと推測できます。

Logic 3

「お年玉」の
概念が生まれる

さて、**親族関係が密になると何が起こるでしょう？**

わからないという人のために、質問を変えます。皆さんはいつ、親戚と会うことが多いですか？　お盆でしょうか？　ゴールデンウィークでしょうか？

そういった方も多いと思うのですが、一番はやっぱり「お正月」ですよね。新年に、これからの一年を無事で過ごせるように、親戚みんなで会って思いを新たにする。こういうことは、古くからの慣習として、これからも残っていくと思います。

お正月に親戚が集まると、どうなるでしょうか？　飲み食いしながら話す前後に、ある風習が行われますよね。

そう、子供の味方、「お年玉」です。親戚からこれをもらうのを楽しみにしている子供は、今でも多いはずです。

Logic 4

子供に小遣いを持たせ、自分で
やりくりさせるようになる

お年玉というのは、世界的に見ても特殊なシステムです。親戚が親に渡したり、プレゼントをあげるならまだしも、**「子供にお金をそのまま渡す」という風習は非常に珍しいといえます。**親戚一同が集まる機会の多い日本だからこそ、こういう文化が生まれたのです。

また、お年玉とは別に、日本では多くの子供たちに「小遣い」が配られています。多くの場合、ひと月ごとに決まった金額を渡して、「自分で何を買うか決めなさい」と、お金の使い方を勉強させます。

欧米では子供がほしがるものを親が吟味して買い与えるのが普通で、自分でお金を管理させるシステムの国は多くありません。日本の子供たちは、小さい頃からお金を使う訓練をさせてもらっている、といえます。

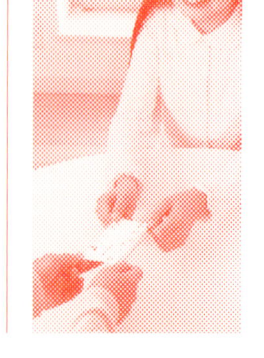

Logic 5

子供が投資家になる

さて、そうやって**自分の意思で物を買うことができる子供が多いと、どんなことが起こるでしょうか？**

子供が「投資家」、つまり企業の商品やサービスを自分で選び、消費することができるようになります。

当たり前と思うかもしれませんが、よく考えてみると、これはけっこうすごいことです。なぜなら、お菓子メーカーもおもちゃメーカーも、大人目線だけで商売していては、子供という投資家に見放されてしまうからです。

子供が本能的に「楽しい」「おいしい」と感じるものが選ばれるため、子供目線でものを作っていく必要があります。そして多くの場合、大人よりも子供の方が、そういった分野においては感性も好奇心も、才能も豊かです。大人より、よほど目が肥えているのです。

Logic 6

子供向けの
大衆文化が花開く

こうして、日本では子供向けの大衆文化が花開いていきました。

驚くほど安い値段なのに、非常に趣向が凝らされた駄菓子や、世界で一番売れているカードゲーム「遊戯王」、「ポケモン」「ドラクエ」などの世界的に有名なゲームをはじめ、アニメやマンガなどの「クールジャパン」と呼ばれる文化が開花したのは、子供自身が投資家だから。日本独自の文化である「子供が自由に自分のお小遣いを使えるから」なのです。

ちなみに、世界で多くの人に知られている日本語のひとつに、「hentai（ヘンタイ）」があります。クールジャパンとしての流行の裏には、そういうちょっとHな分野についても日本が進んでいるという背景があります。

そう考えてみると、親から買ってもらう形だと、そんなシーンの出てくるマンガなどは買ってもらえそうにありま

せんよね。

2020 年に東京オリンピックの開催を控え、外国人観光客や海外メディアによる「海外の目」がさらに増えることを考え、アダルトコーナーを撤去するコンビニエンスストアが出てくるなど、最近はかなり規制されるようになってきましたが、**ポジティブに考えれば、もともと、子供でものびのびとそういった文化に触れる機会があったからこそ、日本の「hentai」文化は栄えてきたのだと言えるのかもしれません。**

日本の地形が、こんなふうに日本の文化に影響を与えているというのは、ちょっとした驚きと言えるのではないでしょうか。

土地や風土の特色は、私たちの知らないところで文化や慣習を生むことがあります。皆さんも、世の中の身の回りのことを、「土地」と関連づけて考えてみると、新たに見えてくるものがあるかもしれません。

この本には、「土地」と「人の営み」の関係性にまつわるトピックが多く登場します。その因果関係を自分で見つけられるようになると、見えてくる世界が大きく広がります。まずはぜひ、本書を楽しみながら最後まで読んでみてください！

待機児童

ショッピングモール

最近、「待機児童」という言葉をよく耳にしますね。

東京をはじめとする都市圏の

幼稚園・保育園に入れない子供の割合が増え、

困っているお母さんが増えているとか。

少し前に「保育園落ちた、日本死ね」

という言葉が注目され、

ニュースで取り上げられるほどの

社会問題になりましたが、

実はこの原因は、地方に

大型ショッピングモールが増えたからだ……

なんて言ったら、あなたは信じますか？

東京に

待機児童が

増えたのは

地方に

ショッピングモールが

増えたからだ

地方に
ショッピングモールが増える

2000年代に入って、日本の地方都市にイオンをはじめとする大型ショッピングモールが急増しました。

食料品も、服も、家電も買えて、フードコートまで完備されたショッピングモールを多くの人が歓迎し、好評を博すようになっていったのです。

なぜ地方でショッピングモールがウケたのかというと、車さえあれば、まとめて買い物できるからです。 1、2週間分の食料を買いためて、そのまま車のトランクに詰めてしまえば、家までラクラク帰れます。お店とお店をハシゴする必要もなく、買ったものをたくさんの袋に詰めて、大変な思いをしながら徒歩で移動する必要もなくなったのです。

また、これらのショッピングモールは、車で行きやすい幹線道路沿いに多く作られ、かつ駐車場を完備していたことも好評の理由としてあげられます。 90年代まで、地方にはこんなに便利な施設は存在しなかったのです。

昔ながらの駅前商店街が衰退。シャッター通りが増える

さて、そんなショッピングモールの出現によって皮肉にも生まれてしまったのが、「シャッター通り商店街」と呼ばれる、お客がこなくなって衰退した商店街です。

ご想像の通り、ショッピングモールに客足を奪われ、地方の商店街の経営が立ち行かなくなってしまったのです。

これにはいろいろな理由がありますが、大きいのは「車」という要素です。先ほどお話しした通り、ショッピングモールは駐車場を完備しており、ロードサイドにあって車で行くのに非常に便利です。しかし、商店街はそうではありません。**お客さんが車ではなく「電車」で来ることを想定しており、だからこそ、駅近に立地していたのです。**

お客さんが「車」で来るショッピングモールと、「徒歩・自転車・電車」で来る商店街。一見どちらも需要がありそうですが、それが地方に立地しているとなると、話は変わってきますよね。

東京で暮らしていると、車がなくても生活できるので想像しづらいのですが、地方は昔も今も車社会で、車がないと生活できないと言っても過言ではありません。そんな地域で、わざわざ車以外の手段を使って、重い荷物を持って移動しようとする人は少ないのです。

　こうして、地方の商店街はまたたく間に衰退。シャッターが閉まったままの、シャッター通りと呼ばれる地域が増えていったのです。

地方経済が衰退。
若者が都会に出るようになる

こ のようにして、どんどん活気を失っていく地方の商店街。本来であれば実家の商店街のお店を継ぐはずだった若者は、親とこんな会話をするようになります。

親「ごめん、ウチの店継がなくていいよ。ショッピングモールができてから経営が厳しくてさ」

若者「マジで？　どうしようかな」

親「ここの近くにはあんまりいい仕事もないし……いっそのこと、東京にでも行ってみたら？」

若者「そっか。じゃあ悪いけど、そうさせてもらおうかな。なるべく帰るようにするよ」

こうして、地方の若者はどんどん都会に出て行ってしまい、地方には若い世代が少なくなっていきました。いわゆる「過疎化」と呼ばれる現象です。

地方では、都会のように仕事がたくさんあるわけではありません。「働けないなら、都会に行くしかない」と考え

て、どんどん若者は地域から離れていったのです。

「それなら、ショッピングモールで働けばいいじゃん」

　と思うかもしれませんが、地方の人の立場になっても、同じように思えるでしょうか？

　自分たちの商店街から客足を奪ったところで働くというのは、心理的に抵抗がありますよね。

Logic 4

都会に若者世代が集まり、都会で子供を生む人が多くなる

　そうして、東京に多くの若者が集まります。東京の人口は年々増えていて、特に地方から流入する若者の数が多くなっています。

　東京に来た年頃の男女は、やがて恋愛をしてつきあいはじめます。若い人たちが集まる都会。環境の差こそあれ、相手は基本的に選び放題。そうしてつきあった男女は、20代後半から30代前半の適齢期に結婚していくわけですが、その多くは都会で結婚し、結婚後も地元には戻りません。

「地元に愛着はあるけど、仕事もあるし……」

「都会の方が便利だし……」

　そういって都会から地元に戻らず、出産や子育ても東京などで行うわけです。すると、どうなるか……。

都内の保育園が満杯になる

さあ、ここで問題が起こります。当たり前ですが、東京で出産や子育てを行う人が多くなると、都内の保育園がいっぱいになってしまいます。

東京で親になった人の中には地方に地元がある人もいるわけですが、多くは仕事のために帰ることができません。**今さら、子育てのためだけに地元に戻るわけにもいかない。仕事にもなるべく早く復帰したい。なので、どうにか近くの保育園に入れてもらいたい。**

そんな切実なロジックによって、都内の保育園は満杯になってしまったのです。

Logic 6

東京を中心とした都市で待機児童問題が発生する

　そして東京を中心とした都会で発生したのが、待機児童問題です。なぜ、待機児童問題が起こったか。先ほどお話ししたように、少しでも生活や仕事に便利な東京に近い場所で子育てをしたい親御さんが多いからです。

　東京をはじめとする関東以外の地域、とりわけ地方では「待機児童」などという問題はそれほど生まれません。むしろ子供が来なくて困っているくらいです。首都圏への過度の人口集中が、待機児童問題を生んだわけです。

　地方と東京で起きていることなんて、全然リンクしていないと思われがちですが、そんなことはまったくありません。同じ日本のことですから、どこかで相互に影響を及ぼしあっているものなのです。

　「風が吹けば桶屋が儲かる」。皆さんも、自分の住んでいる地域と他の地域にどんな相関関係があるのか、一度考えをめぐらせてみると面白いのではないでしょうか。

新聞

コーヒー

皆さんは、新聞を読みますか？

新聞離れが進んでネット記事を読む人も多いですが、

今でも、朝の電車で新聞を読む人を見かけます。

また、皆さんはコーヒーはお好きですか？

本格的な焙煎コーヒーが好きな方、

缶コーヒーが好きな方、コーヒーより紅茶派、

それぞれいらっしゃると思いますが、

人生で一度も飲んだことがない人は

少ないと思います。新聞とコーヒー。

一見結びつかなそうなこの二つには、

意外な関係性があるのです。

新聞（ジャーナリズム）

が生まれたのは

コーヒーが

おいしいからだ

Logic 1

コーヒーの栽培には、年間 1200ml 以上の降水量が必要

まず、コーヒーはどこで作られているか皆さんはご存じでしょうか？

コーヒーはかなりいろいろな所で作られていて、ブラジルやイエメンのモカ、ベトナムやコロンビア、グアテマラやインドネシアのジャワ島など、どこも聞いたことのある地名ですね。アジア系のカフェで「ベトナムコーヒー」や、喫茶店などで「モカ」というメニューを見たことがある人も多いはずです。

では、これらの地域の特徴とはいったいなんでしょう？

実はコーヒーというのは、栽培のためにある条件が必要です。すべての農作物において重要になるファクター、それは「年間降水量」です。

一年に 1200ml 以上の雨が降るところでないと、コーヒーは栽培できません。そのため、赤道の近くにある熱帯・亜熱帯の国で多く作られるのです。

そんなわけで、ヨーロッパやアジアにはもともと、コーヒーという飲み物自体がありませんでした。

コーヒーのない国の人々がコーヒーを飲みたがるわけもありませんし、またコーヒーは独特の苦味がありますから、紅茶やジュースのように、万人に受け入れられるものではありませんよね。

色味も、ミルクを入れない限り真っ黒なので、すぐに「うわ、おいしそう。飲んでみよ！」とは思えないと思います。

しかし、人から勧められて、何度も飲んでいるうちに「あれ、なんかおいしいかも……⁉」となるのが、コーヒーの魅力。

ということは、現在のように世界に広まるためには、「周囲にコーヒーをススメる人」がいたわけです。

では、いったい誰が最初にコーヒーを「推した」のか？

実は、それはイスラム教徒なのです。

コーヒーは、今もヨーロッパキリスト教文化圏のすぐ隣に位置する文化圏にして、歴史上何度もヨーロッパに影響を与えた、「イスラム教文化圏」から持ち込まれました。

そうです。コーヒーは、イスラム教徒がヨーロッパ人にオススメしたものなのです。

Logic 2

イスラム教徒、眠気覚ましに コーヒーを求める

イスラム教の信者の中には、「スーフィズム」といって、下の写真の人のような格好で、寝る間を惜しんで熱心に修行する一派の人たちがいます。でも人間ですから、いつかは眠くなりますよね。そこで出てきたのがコーヒーなのです。

　教徒A「あー、まじ眠いんだけど」

　教徒B「あ、それならこれ飲むといいよ」

　教徒A「何？　この黒いの」

　教徒B「コーヒーっていって、飲むと眠くなくなるんだ！」

　教徒A「ホントだ！　すげえ！」

コーヒーには眠気を覚ましてくれるカフェインが入っています。これに最初に目をつけたのが、熱心なイスラム教徒だったというわけです。

Logic 3

コーヒー、
ヨーロッパに伝わる

世界史においてイスラム教徒は、世界中のいろんな国に出入りして貿易を行っています。ヨーロッパにさまざまな文化を持ち込んで、ヨーロッパの人々を喜ばせていたのです。

そして、ヨーロッパの人に提供したモノの中で現代まで残っている代表的なものが、コーヒーなのです。

イスラム教徒「ヨーロッパの皆さん、この飲み物知ってます？」

ヨーロッパ人「何？　この黒いの」

イスラム教徒「コーヒーって言いましてね。これを飲むと、なんと眠くなくなるんです」

ヨーロッパ人「まじか！　すげえ」

そうしてヨーロッパ人はコーヒーを飲むようになりました。はじめは眠気覚ましとして飲んでいたわけですが、ヨーロッパ人は、だんだんコーヒーのおいしさそのものに

気づいていきます。

「え、なんだかうまくなってきたよこれ！」

「苦いけど、そこがよくない？」

　となっていったわけです。

　おいしいと思ったら、人はもっとほしいと思います。「イスラム教徒の人たち、もっと持ってきてよ！」とお願いするわけです。

　こうして、コーヒーがどんどんヨーロッパに輸入されていきます。それと同時に上流階級から一般市民まで幅広い人がコーヒーを飲みたいと考えるようになり、コーヒーはヨーロッパで爆発的に流行します。

「もっといろんなコーヒーを飲みたい！」

「気軽にコーヒーを楽しめる場がほしい！」

　と市民は思いはじめました。

　そうすると、あるものが作られます。「コーヒーハウス」と呼ばれる、コーヒーを飲む専用のスペースです。

コーヒーがおいしかったので
コーヒーハウスができる

　コーヒーハウスというのは、今で言うところの喫茶店をイメージしてもらえれば大丈夫です。お店の人がコーヒーを淹れてくれて、それをいろんな人が飲むお店が生まれてきたのです。

　これだけならただの「喫茶店ができた経緯」ですが、このコーヒーハウス、ただの喫茶店ではありませんでした。

　コーヒーが好きな人は上流階級も一般市民も関係なく、コーヒーという「新しいもの」が好きな、今風にいうと「アーリーアダプター」の人たち。新しい価値観に敏感で、新しい商品に早くから目をつけるような「お目が高い」お客さんたちだったのです。

　そういう人たちが集まると、必ず議論が生まれます。「最近の政治ってこうだよね」「こういう話があるらしいけど、もっとこうできないのかね」などと、雑談から始まって政治や社会の話をし出すのです。

コーヒーを一杯買えば誰でも、身分に関係なくコーヒーハウスに入れます。なので、コーヒーハウスには「人間のるつぼ」と評されるほどにいろんな人が集まってきました。

この時代、貴族も庶民も政治家も泥棒も関係なく話ができるところなんて、ほかにはありませんでした。さまざまなバックグランドの人と簡単に政治や社会について語れる場として、コーヒーハウスは特に知識人の間で人気を博したのです。

　立場に関係なく自由な言論が許されるアーリーアダプターの集まり、コーヒーハウス。こういう場で必要となってくるのは、どういうモノだと思いますか？

Logic 5

情報の集積地となり、新聞が売れる

　そう、新聞・雑誌などの情報を伝える「メディア」です。コーヒーを飲みながら新聞を読み、「へえ、こういう出来事があったんだ」と知り、その出来事をお客同士で共有し、議論する。**コーヒーハウスは、そうした「言論の自由」が生まれた場だったのです。**

　この当時、「中間層」と呼ばれる「貴族には負けるけれども農民よりは裕福な、工場で働く中間市民層」の数が増えていました。**彼らは今までの市民と違い、教育を受けているので文字を読むことができたため、新聞を読める層がこの時代増えていたというのも、コーヒーハウスで新聞が流行った理由のひとつと言えるでしょう。**

　こうしてコーヒーハウスは「情報の集積センター」としての役割を持つようになり、現在のジャーナリズムの誕生につながっていったのでした。今に残る新聞や雑誌の基礎は、この時代に作られたものだったのです。

SNS

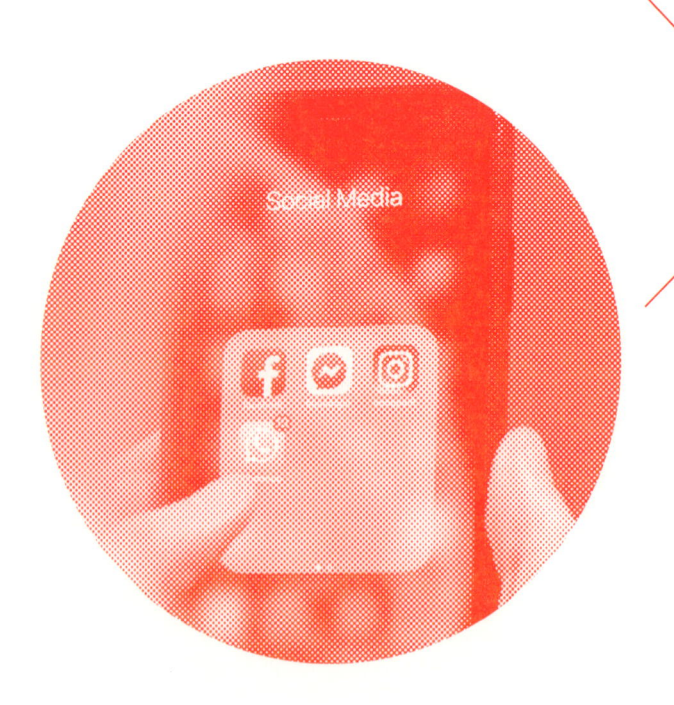

Social Media

農業

皆さんは、SNS（ソーシャルネットワーキングサービス）を

使っていますか？

どこにいても誰かとつながれるツール、SNS。

TwitterにLINE、

FacebookにInstagram……。

世の中には、さまざまなSNSがあふれています。

このSNSが作られた大もとをたどっていくと、

実は農業にたどり着きます。

「そんなわけないでしょ？」

と思った方も多いと思うので、

これから、ひとつひとつのロジックをお話ししましょう。

SNSが

生まれたのは

農業が

発展したからだ

Logic 1

農業は、人間にとって欠かせない営み

まず、農業に対して皆さんはどんなイメージを持っていますか?

今でこそ日本での就農者数は人口全体の 5% を切っており、主要な産業というイメージは持ちにくいと思いますが、農業というのはもともと人間の生活に欠かせない、非常に重要な産業です。

たとえば、車やパソコンがなくなっても人間は生きていけますよね。しかし、コメや野菜が収穫できなくなっては生きていけません。**つまり、農業がなくなると食べるものがなくなって、人間は生きていけないのです。**

だからこそ昔は、農業が絶対的に重要な産業でした。**農作物を育てて、食べ物をきちんと作る。それこそが、人間の生活で一番大切なことだったのです。**

Logic 2

農業により、人が土地に縛られるようになる

農業を中心に生活する、ということをややネガティブな言葉で言い換えると、「人が土地に縛られる」ということです。

農業がメインの時代において、人間は移動に不自由を強いられていました。

まず根本的に、農業には「土地」が必要です。

たとえばコメ作りは、1年間その土地でずっと稲の世話をしなければいけません。コメに限らず、どんな農作物も、一定期間きちんと手をかけないと育たないのです。そのため、人は農業ができるところに定住せざるをえません。

それに加え、農業はそれぞれの土地で農作物を育てるものですが、多くの場合、その土地を自分の国や領主、つまりその土地を所有している人から借りていたのです。自分自身の土地ではなく、誰かから貸してもらった土地で農業をすることの方が多かったわけです。

国や領主は、土地を耕して農作物を作った人に「土地を貸してる代金がわりってことで、農作物の一部をちょうだいね」と要求します。

　基本的にアジアでもヨーロッパでも、こういった「土地を借りて、農作物ができたら土地を貸した人に返す」というシステムが一般的でした。

　このシステムにおける一番のポイントは、「土地を貸す側にとって、貸した側に土地から逃げられると困る」ということです。

　農業者Ａ「この土地あんまり良くないんで、違うとこ行こうと思います」

　地主「えっ？　君らが何か作ってくれないと、僕ら何も食べられなくなっちゃうじゃん！」

　農業者Ｂ「農業なんてつまんないんで、ロックスターになるために違うところ行きます！」

　地主「農業してくれよ!!」

　ざっくりいうとそういうことで、基本的に地主は農業をする人に「ほかのところに行っちゃダメだよ！」「指定したエリアから外には行かないでよ！」と伝えていました。

　こうして、農業をする人たちはさらに土地に縛られるようになっていったのです。

そのためのしくみとして作られたのが、戸籍です。

「君は○○って土地の人ね。じゃあ、ほかのところ行っちゃダメだからねー」

というやりとりを紙にして残しておくことで、その土地から人が逃げることを禁じたわけです。

今であれば「移動の自由」が憲法で認められていて、「自由にいろんなところに行っていいよ」と国が認めてくれていますが、この時代は正反対。「移動しちゃダメだからね！」と言われていたわけです。

農業の発達により、人が土地に縛られなくなっていく

で はいつから、移動が自由になったのでしょうか？
このきっかけとなったのが、「農業の発達」です。

農業が発達することに比例して、実は移動そのものが、どんどん自由になっていったのです。

「えっ、何で？」という人も多いでしょうが、当時の人になった気分で考えてみてください。

あなたは、地主に毎年コメを渡すことで、何とか生きのびている農家です。地主も毎年、あなたが生活できるかどうかのギリギリの量を持っていきますから、基本的に農作物が余るということはありません。不作や凶作に備えて蓄えておく必要もありますからね。

しかしある時、農業の生産性が上がる農法・農具が開発され、それをみんなが実践するようになります。そうするとどんどん農作物が作れるようになっていき、「余剰生産物」が出てきます。

農民「あら、余っちゃった。地主さんにあげるのもくやしいし、俺らの分もいっぱいあるし……さて、どうしよう?」

皆さんならどうしますか? 誰かにあげますか? 今までよりも多く地主さんに渡しますか? 保存しておくにも、腐ってしまうかもしれませんよね。

勘のいい方ならお気づきでしょう。そう、売ってお金にすればいいのです。**換金すれば、長くとっておくことができますし、ほかの生活用品や娯楽のための出費に変えることができますからね。**

そのようにして、農民たちは必要とする人たちに余った農産物を売ってお金を貯めることで、どんどん生活が豊かになっていきました。豊かになって、みんながある程度のお金を持つようになると、今度は農業をしなくても生きていける人が出てきます。

たとえば、こんな感じです。

農民「ねえ地主さん。この土地の代金払うから、この土地俺のものにしたいんだけどダメ?」

地主「アンタ、そんな金持ってるの?」

農民「うん。なんか、余った農作物売ってたらめっちゃお金貯まっちゃって」

こうしてきつい農業から自由になった農民は、農業のほかにも自由に商売をはじめるようになっていきました。みんながお金に余裕があるので、いろんな商売が可能になり、商売人になる人の数が増えるわけです。

　また、お金に余裕があれば「余裕もあるし、たくさん子供作ろう」という人も出てきて、人口も増えます。増えた人口の中には「俺は末っ子だから、実家はアニキたちに任せるわ」と自由に生きる人も出てきます。

　こうして、**農業の発達によって余剰作物が増え、それを換金することで農家が裕福になり、やがて経済が発展し、だんだん「土地に縛られない自由な人々」が増えていったというわけです。**

移動が自由になり、貿易が盛んになる

こ れによって生まれたのが、「移動の自由」です。

「今まで見たことがなかった国に行ってみたい！」「別の国の人と仲良くなりたい！」そんな人々が出てきたのです。**また、商売人の中には「ほかの国にある珍しいものを買ってきて、自分の国で高く売ったら儲かるんじゃない？」と考える人も出てきます。つまり、「貿易」です。**

農業が中心だった時代は自給自足だったので、貿易なんて考えられなかったわけですが、この時代になって商業が盛んになると、他国に行き、互いの国にとって有益なものを交換する行為、つまり「物々交換」がさかんになります。

先ほどお話しした農法や農具も提供できるため、世界全体が移動に対してより自由になっていったのです。

Logic 5

コロンブス、新大陸を発見する

そ　の最たる例が、大航海時代。新大陸の発見です。
　　　皆さんご存じ、クリストファー・コロンブスの大航海にも、「貿易」の二文字が大きく絡んでいました。

　コロンブスは、ヨーロッパとインドとの貿易航路が非常に時間がかかることに目をつけて、王様にこんな進言をしました。

　コロンブス「今までって、ヨーロッパからインドまで、ひたすら東に進んでたじゃないですか。それで、インドからいろんなものゲットして金儲けしてたじゃないですか」

　当時の王様「そうだねえ、ヨーロッパからインドに行くの大変だけど、その分儲かるんだよね」

　コロンブス「そこで俺考えたんですけど、地球って球体らしいじゃないですか。てことは、逆の西に進んだら、もっとラクにインドにたどり着けるんじゃないですかね？」

　当時の王様「まじか！　考えたこともなかったわ！　そ

っちの方がラクにインド行けるかもしれんのか！」

　僕たちの感覚で考えると「てか、むしろ遠回りなんじゃない？」とツッコみたくなるところですが、当時の人にはそんなことはわかるはずもありません。

　しかし事実として、貿易のために海に出たコロンブスは、とある大陸を見つけるのです。

　コロンブス「おお！　インドに着いた！」

　ほかの人「いや、インドじゃないぞ？　どこだここ？」

　そう、皆さんご存じ「アメリカ大陸」であります。

　農業が発達し、経済が発展し、貿易が盛んになった結果、ついにコロンブスは新大陸を発見したのでした。

離れた人同士の連絡手段として
モールス信号が生まれる

こうして新大陸も発見され、人間が行ける場所が段違いに広くなりました。「世界って、こんなに広かったんだ」ということがだんだんわかってきたのです。

すると人々は、いろんなところに散るようになります。ある人はアメリカという新天地で新しい生活をはじめ、ある人は征服した土地で奴隷を雇い、そこでしか作れない農作物を作り、またある人はヨーロッパで生活する……。

しかしこの時、重大な問題が発生します。

それは、「連絡手段」です。

こんなに広く、いろんなところに人々が散らばっているのに、直接対面でしか人と話せない時代です。できることと言ったら手紙くらいで、当然ながらメールも電話もありません。**遠くにいる人たちと、短時間でコミュニケーションを取ることができなかったのです。**

これはかなり重大な問題で、たとえばイギリスは世界の

いろんな所を征服して、さまざまな植民地を持つようになりましたが、その植民地に指示を出そうにも、手紙を船で何日もかけて運んでもらうことしかできなかったのです。

　この「連絡手段」にイノベーションを起こしたのが、サミュエル・モールスというひとりのアメリカ人。彼は技術者でも科学者でもなんでもなく、普通の絵描きでした。

　しかし、彼の人生は、妻の死をキッカケにして大きく変わります。彼が家から遠く離れた場所に仕事に出ていたある日、奥さんの危篤を伝える手紙が届いたのです。

「なんだって！　すぐに行かないと！」

　そう思って急いで馬を走らせたものの、彼が着く頃にはすでに奥さんは亡くなり、埋葬もすんだ後でした。

「せめて、お別れだけでも言いたかった……」

　彼はその時、「馬よりも早く連絡できる手段はないだろうか？」と考えました。それがあれば、自分はこんな思いをせずにすんだかもしれない。自分と同じような思いをする人を減らすためにも、新しい連絡手段を作りたい。そう考えた彼は思い切って画家をやめ、発明家として生きていくことを決めたのです。

　何の因果か、彼には発明家としての才能がありました。研究をはじめてからたった６年で、電気によって遠くにい

る人と連絡を取ることのできる手段を発明したのです。それは、彼の名前をとって「モールス信号」と名づけられました。今でも残っているので、知っている人も多いはずです。

　このモールス信号によって、世界は大きく変わります。どこにいても、誰とでも、一瞬で連絡が取れるようになったのです。19世紀半ばには世界中にこの通信網が敷かれ、1872年には、日本とニューヨーク間でも連絡が取れるようになったといいます。

Logic 7

通信技術が飛躍的に発達。SNSが生まれる

農業の発達によってもたらされた「広すぎる世界」。そこで生きる人々は、「どこにいても連絡が取れるようにしたい」「遠くの人と話したい」という願望を持つようになり、その願望がモールス信号を作り出しました。

モールス信号を皮切りに、通信技術はどんどん飛躍を遂げていきます。電話、携帯電話、メール、インターネット……そして今、作られたのがSNSというわけです。

農業だけの時代、私たちは遠くの人と話すこともありませんでした。しかし、農業の発展によって人は富を蓄え、蓄えた富を移動手段に使うことで世界が急激に広がっていきました。広がった世界を結びつけるための手段が進化し、その果てに生まれたのが、SNSだったということです。

世の中にありふれて見える技術にも、必ず進化の道筋があります。ほかの技術にも、根本には面白いエピソードが隠れているかもしれません。ぜひ、探してみてください。

ソーセージ

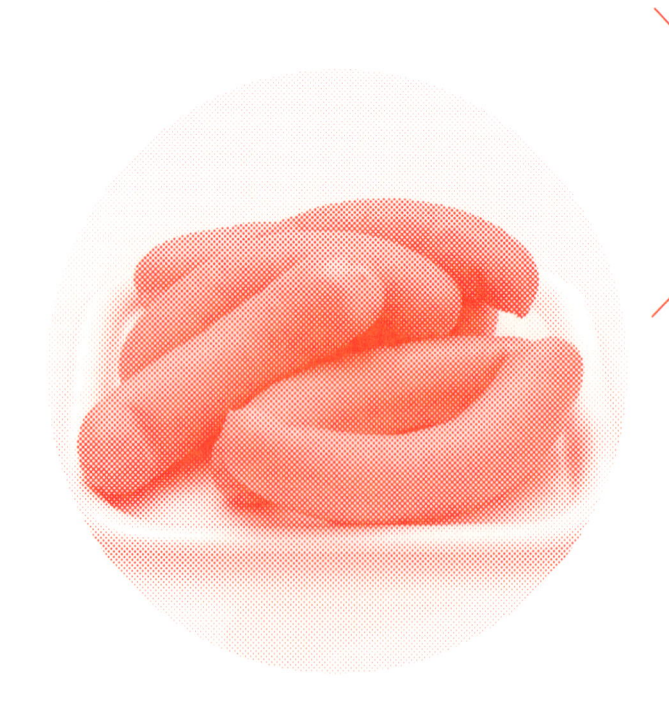

ドイツの気候

皆さんは、ソーセージは好きですか?

僕は大好きです。

特にアツアツのドイツソーセージは

本当においしいですよね。

日本だけでなく、

世界的にも有名なドイツソーセージですが、

実はソーセージがおいしいのは、

ドイツがめちゃくちゃ

寒いせいなのです。

ソーセージが

おいしいのは

ドイツが

寒いからだ

ドイツは、全国的にとっても寒い

ドイツはとても寒冷な地域で、南部にある都市ミュンヘンでは、1月の平均気温がマイナス5度前後まで冷え込みます。

なぜここまで気温が冷え込むのかというと、実はドイツは意外にも高緯度なのです。北海道よりも緯度が高く、基本的に日本のどこの地域よりも寒い。冬は厳しい寒さで雪も降りますし、夏も、全国的にそれほど気温が上がりません。

え？「気温が何度でも、ソーセージとは関係ないんじゃないの？」ですって？

いえいえ、そんなことはありません。僕は「**すべての教養は地理から生まれる**」と考えています。気温という要素は、実は地理上のいろいろな要素に影響を与えているのです。

Logic 2

あまりに寒かったので、氷河が生まれる

気温が与える影響のひとつに、「土地の養分」があります。ドイツには昔、氷河が存在しました。一年中陸地を覆っている氷の大地です。今よりもずっとずっと寒かった氷河期と呼ばれる時代、今でも寒いドイツを含む北ヨーロッパの大部分は、分厚い氷で覆われていたのです。

ところで皆さんは、北極と南極の違いをご存じですか？どちらも氷だらけの極寒地域ですが、実は北極というのは氷そのものでできていて、陸地がほとんどありません。それに対し、南極は陸地の上に氷が乗った状態。ですから、**南極大陸は存在しても、北極大陸は存在しないのです。**

ドイツも昔は、この「南極大陸」みたいな状況でした。氷の下に土地がある状態だったわけです。

氷河が土地の栄養分を
けずり取っていく

基本的に、氷で覆われている地域では、土地が肥えないという特徴があります。なぜなら、氷河が土地を削り取ってしまうから。

氷河というのは氷の塊ですから、当然、重力を受けます。氷河は標高の低い方に移動していく性質があります。この移動の際に下にある土地を削りながら移動するため、氷河のあった地域には特徴的な地形が多いのです。

有名なノルウェーの「フィヨルド」も、氷河の影響で作られた特徴的な地形です。これと同じように、ドイツの土地も削られています。**土地が削られるということは、それだけ土地の栄養分が奪われてしまうということ**。だから、ドイツの北部には肥沃な土地が少ないのです。

Logic 4

土地に栄養がなくても育つ
芋や麦を育てはじめる

　ういうわけで、肥沃な土地が少ないドイツ北部では、長期的に農作物を育てることができません。栄養が少ない土地で農作物を育て続けると、土の中の養分がなくなり、農作物が枯れてしまうからです。

　こういう土地で作れる農作物は、自然と限られてきます。まずひとつは麦。しかし、ドイツの大地には麦ですら育てる地力がありませんでした、そこでドイツ人が目をつけたのがジャガイモ。芋類は土地の栄養が少なくても育つため、北部ではジャガイモを育てるようになりました。

　ドイツの南部は幸いにも氷河の侵食からまぬがれていたので、比較的土地に栄養が多くありました。ただし、南部とはいえ寒いことに変わりはないので、おもに作られていたのは小麦や大麦など、寒さに耐えられる農作物でした。

**　北部でも南部でも麦を育てるのですが、麦の種類に違いがありました。比較的土地に栄養のある南部では小麦を育**

て、栄養が少ない北部の土地では、栄養が少なくても小麦より育ちやすい大麦を育てる。 北部は大麦を、南部は小麦を育てる。そのような違いが生まれたのです。

　氷河によって作られた、南北で育てる麦の種類の違い。これが、おいしいソーセージを形作っていくのです。まだまだ、ピンときませんよね。

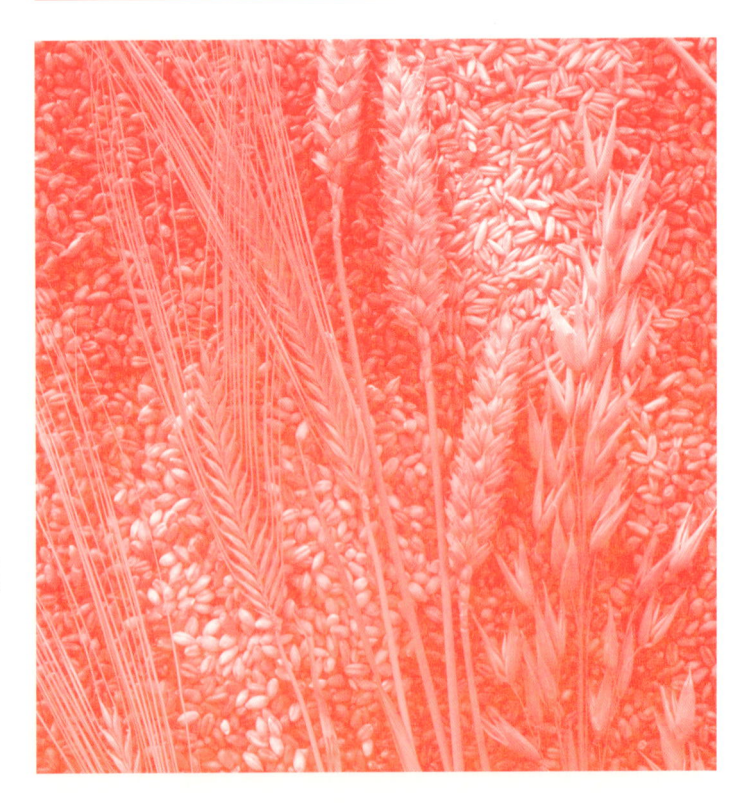

芋と相性のいい豚を育てる「混合農業」が生まれる

ジャガイモが作られていた北部では、やがて「混合農業」という手法が生まれました。これは異なる農業を組み合わせることで、土地の栄養が低いところでも継続して安定した収入を得られる方法です。

組み合わせた農業は何か。「家畜」と「農作物」です。土地の栄養が低くても家畜であれば育てるのに何の問題もありませんし、むしろ家畜の糞は土地の生産性を高める肥料になってくれます。農作物も、人間が食べるものだけではなく、家畜の食べる飼料としても作れます。ドイツでは、家畜として豚が選ばれました。豚は何でも食べる動物で、ジャガイモの皮や、デンプンを取った後に出てくるかすなども食べてくれるのです。

大麦と豚とジャガイモ。この3つを同時に育てる農業が、ドイツの食文化を形成していきます。

Logic 6

混合農業の末、ビールに合う
ソーセージが生まれる

　ドイツの食文化の中で欠かせない飲み物。それは言うまでもなく、ビールですよね。

　このビールが何によって作られているかというと、ドイツ産の大麦。寒さに強い大麦からおいしいビールが作られ、ドイツ国民はビールに親しむようになりました。

　そして、ビールのつまみとして相性のいいのが、豚の腸と、豚肉でできたソーセージと、ポテト料理。勘のいい方はお気づきですね。

　そうです。この「ビール・ソーセージ・ポテト」の3点セットは、先ほど出てきた「大麦と豚とジャガイモ」というドイツ北部で作られる3点セットが原料なのです。

　これは、ドイツ国民が、この混合農業を行う中で作られた農作物で、最大限おいしい料理を作るにはどうすればいいかを考え抜いた結果なのです。

　「どういう食べ物なら、ビールに合うだろう？」

「やっぱり肉かな。そうだ、育てた豚がいるじゃないか！」

その結果生まれたのが、ソーセージだったのです。

寒い土地に生きるドイツの人々が、寒い大地だからこそ生まれたビールのつまみとして最適な料理を追求した結果、あのおいしさにたどり着いたのです。

そう、ソーセージはドイツの寒冷な気候が密接に関わって生まれたものだったのです。

余談ですが、ビールは大麦からだけ作られるわけではなく、小麦からも作ることができます。しかし、小麦によるビールは比較的最近開発されたもので、それまではビールは大麦とホップ、水から作られていました。

それは、「小麦は貴重だから食用にする」という考えがあったからです。「南部はいいけど、北部は全然小麦が取れないんだから！」と。そのため、今でも小麦のビールは南部のもので、北部のビールは大麦、と決まっています。

いろいろな食に、気温が関係しているのがおわかりいただけたでしょうか。いつも自分たちが食べている「食べ物」が、実はその地域の気温があと1度違っていたら、存在していなかったかもしれない……そう考えると、感慨深いですね。

キムチ

キリスト教

皆さん、キムチは好きですか？

野菜に唐辛子や塩を混ぜて食べる、

ピリ辛でおいしいキムチ。

辛いものが苦手な人でも、

あのピリ辛な感じが好き、

という人は多いですよね。

でも「キムチは昔は辛くなかった」といったら、

驚く人も多いのではないでしょうか？

そして、キムチが辛くなったのには

実は世界3大宗教のひとつが関係している、

と言ったら、もっと驚かれるのではないでしょうか？

キムチが

辛くなったのは

キリスト教が

日本に

もたらされたからだ

キリスト教は世界宗教にも
かかわらず、よく分裂する

世界３大宗教といえば、イスラム教・キリスト教・仏教の３つです。

この３つの中で、今の世界で最も影響力がある宗教は、キリスト教だと言っていいでしょう。

ヨーロッパとアメリカという、世界経済を牽引している２つの地域ではキリスト教が中心ですし、なによりキリスト教の信者は世界中に存在しているからです。

イスラム教は中東、仏教はアジアというように、信者の多い地域は限定されています。しかし、キリスト教は地域的な偏りがなく、世界中で信仰されているのです。

そんな影響力のあるキリスト教ですが、歴史の中で、かなり頻繁に信者同士で対立し、分裂してきました。

大きな宗教では、「開祖はこういう風に言ったんだよ！ お前らの解釈は間違ってる！」「違う！ 開祖はそんなこと絶対言わない！」などと、解釈でもめたあげく、宗派が

分かれたりすることがよくあるのです。

しかし、信じる人が多ければ多いほど、解釈も多様になっていくのは当たり前。キリスト教はローマ帝国の国教になって以降、どんどん他の地域を開拓していき、ヨーロッパの多くの国で受容されることになりましたから、ヨーロッパ文化の拡大とともに「さあ！　キリスト教もどんどんいろんな国に布教しよう！」と、世界中に布教されるようになりました。

その中で、布教先の地域の人たちが受け入れやすいよう、カスタマイズした形で布教することも多かったはずです。いろんな人が、信じたいように宗教を信じた結果、イザコザが生まれ、結局ケンカ別れしてしまう……。キリスト教は本当に分裂が多い宗教なんです。

そして、そんなキリスト教の中でもっとも大きな分裂が、「プロテスタント」と「カトリック」の争いでした。

この断絶の話は、別のトピック（→ 112 ページ・イギリスの覇権×カトリックによる離婚の禁止）でお話ししますが、とにもかくにも、キリスト教はまっぷたつに別れてしまったのでした。

Logic 2

教派がまっぷたつに分かれ、カトリックのあり方が問われる

この「キリスト教の大きな分裂」というのは、ほかの宗教にはない性質を持っていました。この分裂は「離反」といっていいものだったからです。

というのは、もともとあった「カトリック」という宗派に対して、マルティン・ルターという神学者が旗振り役となって「**カトリックって、こういうところがおかしいよね。俺らがきちんとイエス様の教えを守ってやるよ！**」と、対抗（プロテスタント）する形で分裂（離反）してしまったわけです。

離反された側のカトリックとしても、いろいろ考えるところがありました。

「確かに、俺たちもダメなところあったよね。もう一回、俺らの存在意義を考え直さなきゃね」

そういう内省が起こったのです。

Logic 3

カトリックの宣教師、
いろいろな国へ布教に赴く

　　んな反省を続けるうちに出て
　そ　きたのは、「それでも俺たち、世界にキリスト教を広めていくべきだよね！」という積極性でした。**「キリスト教をまったく新しい地域に広めるのは、正統なキリスト教の教えを守っている自分たちだからこそできるんだ」という意識があったわけです。**

　というわけで、「イエス様の教えをしっかり守ろう！」「どんどん布教しよう！」という目的でローマに作られたのが「イエズス会」でした。皆さんご存じ、フランシスコ・ザビエルが所属していたカトリックの修道会です。彼らは、「プロテスタントに負けるな！」とばかりに布教を進めていきます。そのうち日本に来た宣教師のひとりが、ザビエルだったというわけです。

Logic 4

イエズス会、お土産を携え日本に布教に行く

宗教の話題というのはかなりナイーブで、下手をすれば相手も逆上させてしまいかねないものです。

今でも「政治と野球と宗教の話は、意見が分かれるからするべからず」と、３大タブーのひとつと言われる話題。「お前らが信じている神様より、俺たちの神様のほうが正しいんだ！」なんて言ったら、そりゃ誰だって怒ります。

そうした宗教の話題には、地位が上の人ほど過敏なものです。国や領地を治める人からしたら、新しい宗教というのは自国の領民をたぶらかされる行為に等しいもの。布教どころか、その場で殺される可能性だって十分にある……そんな死と隣り合わせの命がけの行為が、「布教」なのです。だからこそ、宣教師というのはあるものを持って布教に行きます。それが、「お土産」です。

Logic 5

イエズス会の宣教師、
日本人に唐辛子をもたらす

持ち込んだ手土産は、種子島で有名な鉄砲だけではありません。その当時ヨーロッパで流行していた香辛料の一種、唐辛子も持ち込まれることになったのです。

　記録によれば、1552 年、イエズス会の宣教師が大伴義鎮という人物に唐辛子を苗ごとプレゼントしたことがわかっています。

　最初、日本人は唐辛子の使い方がわかりませんでした。

「これは毒なんじゃないか？」

「触ると、手が霜焼けみたいになっちゃうよ！」

　と完全に異物扱いされていたのですが、いつの頃からか食用として使えることがわかり、食べられるようになっていったのです。

Logic 6

日本と韓国（朝鮮）、積極的に交易する

　そして、日本へ渡った唐辛子は、日本から朝鮮に持ち込まれることになります。

「いつ、どうやって朝鮮に持ち込まれたのか」は厳密にはわかっていません。

　有力な説は2つ。皆さんご存じ豊臣秀吉による「朝鮮をガチで攻めるぜ！」という朝鮮出兵の結果か、倭寇という日本版海賊が、「ヒャッハー！　朝鮮人、これを何かと交換してくれや！」と朝鮮人と交易した結果だと言われています。

　たとえば、江戸時代を通して、日本には韓国から13回の「朝鮮通信使」と呼ばれる外交使節団が訪れています。

　この人たちは1年かけて日本に渡航し、日本の文化や日本に伝わっている技術を知って、それを自国に持ち帰る活動をしていました。おそらくはその中で、本格的に唐辛子を日本から持ち込んだのではないかと考えられます。

日本と韓国というのは物理的に距離が近いですから、頻繁にこうした物々交換が行われていたのです。

　いずれにせよ、イエズス会が日本へと持ち込んだ唐辛子は朝鮮へと広まることになります。そしてここから、あの「マリアージュ（抜群の組み合わせ）」が生まれるのです。

韓国、もともとあった キムチに唐辛子を混ぜる

そう、白菜を主とした野菜と唐辛子の組み合わせ、ご存じ「キムチ」です。

先ほどお話しした通り、キムチはもともと辛くありませんでした。野菜を塩漬けしただけで、少ししょっぱいくらいのものでしかなかったのです。

韓国はもともと農耕がメインの地域で、野菜をたくさん食べる文化がありました。それがキムチを形作ったわけですが、「ピリ辛にしよう」とは誰も思っていませんでした。

それが、日本から唐辛子が持ち込まれたことで、悪魔的なおいしさにつながる「融合」がもたらされたのです。

キリスト教の分裂が日本に唐辛子をもたらし、それが朝鮮へと渡ってキムチを辛くした……。これだけいろいろなモノ・ヒトがからんでキムチが辛くなったのだと考えると。あの辛さがさらに味わい深く感じられてきませんか？

2

Logic

世界経済の

黒幕は

いつだって

地理だった

アジアの
経済発展

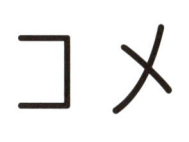

コメ

皆さんは、毎日おコメを食べていますか？

最近はパン派や麺派も多いですが、

やっぱり日本人なら

白いコメが食べたくなる時、ありますよね。

アジアにはコメを主食とする国が多いのですが、

実はそのコメのおかげで、

今、アジアのさまざまな国が

経済発展しているのです。

ここには、単純明快だけれども、

経済においてとても大切な考え方が含まれています。

それはいったい、何なのでしょうか。

アジア諸国が

経済発展

しているのは

コメが

主食だからだ

アジアにはコメを
主食にする文化がある

コメを主食にしている国は、アジアに集中しています。コメというのはカロリーが高いので主食に適しているのですが、いかんせん、作るために大量の水を必要とするという特性を持っています。

厳密にいうと、年間1000ml以上の降水量がないと作れないと言われています。

この条件に合う国は限られてくるのですが、**中でもアジアは季節風の影響で海からの風が吹くため、降水量が多めになるという特色があります。そのため、アジアにはコメを主食とする国が多いのです。**

逆に、アジア以外でコメを主食とする国は少数です。世界で見ても、マレー系の人々が入植したアフリカのマダガスカル島くらいしか見あたりません。

世界の多くの国の人々が、雨があまり降らない乾燥した土地でも育つ小麦を主食にしているのです。

Logic 2

コメを主食にするメリットが他の作物よりも多い

さて、こうしてアジアではコメが主食になっていったわけですが、これはアジアの国々にとってかなり「ラッキーなこと」でした。

というのは、コメはほかの作物に比べ、主食にするメリットの多い、ありがたい作物だからなのです。

皆さんは、コメと小麦にどんな違いがあるか、ご存じですか？

日常の食卓を思い浮かべてもらうとわかりやすいのですが、小麦って小麦のまま食べることはありませんよね。麦の穂をひいて、練って、パンやパスタ、ピザ、ケーキなどに加工することでようやく食べられるようになります。

対してコメは、基本的

に（脱穀してから煮炊きして）「そのまま食べる」ことができます。加工したとしても、せいぜい餅やせんべいくらいだと思います。

そうです。コメが小麦より優れている最大の点、それは「（最低限、煮炊きするだけで）そのまま食べられる」というインスタントな性質を持っていることです。

また、玄米であればタンパク質が非常に豊富に含まれており、白米にしてもカロリーが高いため、無理に加工して摂取する必要が少ないのです。

かなりざっくり言うと、小麦だけ食べているより、コメだけ食べている方が長生きできるのです。だから小麦は加工して他の食材と組み合わせる必要があるというわけです。

そしてさらにコメが優れているのは、「不作が少ない」という点です。小麦やトウモロコシなどの作物は、凶作や不作に多く悩まされます。しかしコメは、比較的安定的して作ることができます。

ヨーロッパやラテンアメリカの国は昔から、主食の不作で飢餓が発生することが多かったのですが、アジアの国々ではコメがあったために、飢餓が発生することは他地域に比べ少なかったのです。この点でも、コメは世界的に見てもとても優れた主食である、と言えるのです。

Logic 3

コメのメリットにより人口が増える

　そのようにメリットの多いコメを主食にしているアジアでは、どんなことが起こったのでしょうか。

「人口増加」です。**コメは少量でも高カロリーのため、多くの人口を養うのに向いています。先ほどお話しした通り、農作物としても安定して栽培できるので、人口が増えても飢餓で激減……ということが起こりにくかったわけです。**そのため、アジアの人口はどんどん増えていきました。

　第二次世界大戦後、アジアでは「人口爆発」と呼ばれる大幅な人口増加が起きましたが、この現象に対応できたのは、コメが豊富にあったからだと言われています。

「緑の革命」と呼ばれる、コメをより多く生産するための技術革新もあって、ついに世界の人口の60%がアジアに集中するまでになったのです。

Logic 4

人口が多いと
工場が作られやすくなる

人口の話と経済の話がどうつながるんだ？　と思いましたよね。

はい。ここがこのトピックのキモです。実は、人口が多いことと経済発展には、密接な相関関係があるのです。

この説明をする前に、皆さんに質問です。物を作る工場には、大きく分けて2つのタイプがあることをご存じですか？

ひとつは、「生産拠点」としての工場。

何らかの商品を作るときに、「あそこの土地の方が作りやすいでしょ！」という理由で作られる工場のことです。

二つめは、「販売拠点」としての工場。

何らかの商品を、「ここで作ったら、みんな買ってくれるでしょ！」という理由で作られる工場のことです。

実は、人口が多ければ、どちらの工場でも作ることができるのです。

生産拠点としての工場を作る場合、大切になるのは「労働力」です。多くの働き手が安く働いてくれれば、たくさんの商品を安く作れますよね。

　そして、販売拠点としての工場を作る場合、大切になるのは「市場」です。つまり、いっぱい買ってくれそうな人がいるところならば、作りやすいですよね。

「労働力」と「市場」。これは両方とも、人口が重要になってきます。安く雇える「人」が多く、商品を買ってくれる「人」が多くなれば、「よし！　ここに工場を置こう！」と考える人が出てくるようになるのです。

　もちろん、人がいたところで「そんな安い値段だったら働かないよ」という人ばかりだったら労働力を確保することはできませんし、「そんな高い商品なんて買わないよ」という人ばかりだったら販売することはできません。

　しかし、それでも多様な人がいて、非常に多くの人口がいる国であれば、買ってくれる人も、働いてくれる人もいるはずですよね。

中国が海外から
ガンガン工場を誘致する

こ のように、人口が多いことは工場を作りやすいということですから、経済を成長させる上で、非常に大きなメリットになります。

この「人口」という最大の武器を使って世界の工場になったのが、ご存じ中国です。

中国は、1990年代にこんなふうに外国企業に持ちかけました。

中国「ねえねえ、外国企業さん。ウチの国に工場作らない？」

外国企業「え？　なんでわざわざ……」

中国「ウチはすごいんだよ、人口がガンガン増えてるから、おたくの工場でいくらでも働いてくれるよ！　しかも安いときたもんだ」

安い人件費で多くの人を雇うことができるというのは、外国企業にとって大きな魅力に映りました。

中国政府はそれを後押しするかのように税制上の外国企業優遇措置を設け、これを受けて、外国企業がどんどん進出するようになりました。日本では、ユニクロのファーストリテイリングが有名ですね。

日本人なら誰でも、気づかないうちにどこかで「メイドインチャイナ」のモノを使っているはずです。それくらい中国には多くの企業が進出し、中国はさらに経済発展していったのでした。

Logic 6

東南アジア諸国にも
工場が進出する

中国だけじゃありません。東南アジアの国々も、最近急速な経済発展を遂げています。

理由は簡単。先ほどの理屈で言えば、人がいっぱいいて安く雇うことができる人がいるところなら、どこでも企業はメリットを感じるわけです。

それに加え、中国の人たちだって、同じ場所で何年も働いていれば「私たちのスキルも上がったんだから、時給も上げてよ！」と主張するようになります。

そこで、外国企業の人は中国以外のより人件費の安い国に新しい工場を作るようになります。タイやベトナムなどの東南アジア諸国にいく企業が増えてきたわけです。

しかしそれでも、あまり中国の工場を潰したりはしません。中国には未だにユニクロの工場がありますし、その他の企業も多く存在しています。**これはなぜかというと、これまた「人口が多いから」です。**

つまり、「生産拠点」ではなく、もうひとつの工場のタイプ、「販売拠点」としてのメリットがあるからです。

　経済が発展して人件費が高くなるということは、言い換えればそれだけ国民が裕福になったということ。裕福になれば、それだけモノを買ってくれるようになるわけです。

　こうして、「生産拠点」としての工場は東南アジアのいろんな国に進出していき、「販売拠点」は依然として中国に残り、結果的にアジアのいろんな国が経済発展していくことになったのです。

　中国も 2019 年現在まだ経済成長を続けていますし、それ以外の ASEAN（東南アジア諸国連合）諸国も経済が発展しつつあります。この経済成長は、実はコメが支えていると見ることができるのです。

　ふだん何気なく食べているコメ。主食の違いによって、人口や経済に大きな影響が出ることがあります。皆さんもぜひ、意識してみてください。思わず誰かに話したくなる、面白い因果関係が見えてくるはずです。

イギリスの覇権

カトリックによる
離婚の禁止

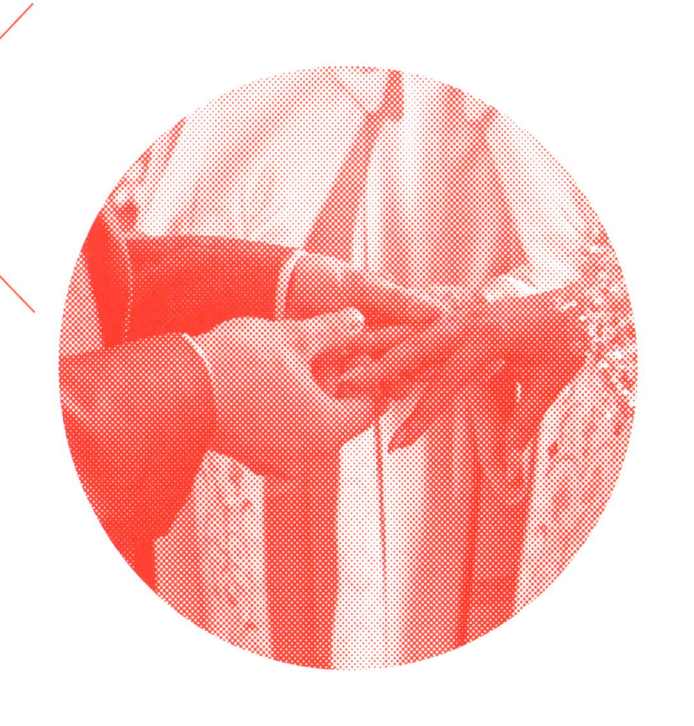

イギリスは、

16世紀後半から現代に至るまで、

強大な力を保持し続けているエリート国家です。

世界ではじめて産業革命に成功し、

2度の世界大戦にも勝利。

「世界の工場」や「世界の銀行」として

世界を牽引し続けてきました。

では、イギリスが強国としての

地位を確立できた

そもそもの「きっかけ」は何か?

それには、次のような事情があったのです。

イギリスが

世界の覇権を

握ったのは

カトリックが

離婚を

禁止したからだ

カトリック教会は信者の離婚を嫌がる

あなたは、神に永遠の愛を誓いますか？

教会で結婚式を行う時に神父さんから必ず聞かれる言葉。実はこれ、キリスト教カトリック教会の「ある考え方」に基づいて作られている質問であることを知っていましたか？

　それは、「結婚は神に誓うもの」という考えです。

　結婚というのは、天の神様によって決められたものであり、それは永遠なものでなければならない……そういう考え方が、カトリック教会にはあります。

　そして、だからこそ実は、キリスト教カトリック教会というのは離婚を嫌います。

「結婚は神様に誓うもの。それを破るなんて言語道断！」

　そんなふうに考えている人が多いのです。

　この考え方は、現在の社会にも大きな影響を与えています。**たとえば、フランスには「婚外子」と呼ばれる、結婚**

していない親の子供がとても多くいます。2014 年にフランスで生まれた子供の、なんと半数以上・56.7% が婚外子でした（ちなみに日本は 2.3%）。

　しかしこれは別に、お父さんがいない子供の数が多いというわけではありません。家に帰れば「お父さん」がいるのに、戸籍上はお父さんがいない子供の数が多いのです。

　なぜこのような現象が起きているかというと、フランスにはカトリック信者が多いからです。

　フランス人は、「離婚するかもしれないから、結婚しない！」といって、籍を入れない事実婚のままの人が多く、そのために婚外子が多くいるというわけです。

　個人的には、「離婚したくないから、結婚しない！」というのは、それはそれでどうなんだろう？　と考えてしまうのですが……まあ、人それぞれなのだと思います。

　重要なのは、結婚に対して及び腰になるくらい、イエス様との約束を破る「離婚」という行為を嫌う人が多いのが、カトリックという宗派だという事実です。

　それこそ昔は、法律によって離婚が禁止されていた時代があるくらいです。離婚しようと思ってもできない……。この葛藤は、さまざまな人の人生に影響を与えるのです。

ひとりの英国王、 己の離婚問題で悩む

　そんな中、ひとりの王様が登場します。16世紀のイギリスの王・ヘンリー8世です。

　この人は当時、「信仰の擁護者」と呼ばれるほど、カトリック教会に心酔していました。

　宗教改革で有名なマルティン゠ルターによって「カトリックはダメ！　これからはプロテスタントでしょ！」とキリスト教会が二分された後も、カトリック教会の肩を持ち続けていたのです。

　しかし、この人にはひとつの悩みがありました。
「奥さんと離婚したかった」のです。

　実はヘンリー8世、当時の宮廷侍女、アン゠ブーリンのことが好きでした。「この子と結婚したい！」とさえ思っていました。しかし、カトリック的にはそれは許されない。

　ヘンリー8世は悩みます。

　「愛か信仰かで悩むなんて、ロマンのある話だ……」

と思った人もいるかもしれませんが、そんな単純な話ではありません。

　ヘンリー8世の奥さんのキャサリンはスペイン人だったのですが、この奥さんとの間には男の子が生まれていなかったのです。

　「男の正式な跡継ぎがいない」ということは、当時は大問題で、隣国から攻め込まれる理由になることさえあったのです。

Logic 3

英国王、離婚のために国自体を宗旨替えする

そういうわけで、ヘンリー8世は何が何でも男の子がほしかった。そのために、どうしても妻と離婚しなければならなかったのです。

しかし、宗教的にはそれは認められていない。悩んだ末に彼は、ひとつの決断をします。

「そうだ、カトリックで認められてないなら、国の宗教を変えちゃえばいいじゃん」と。

こうして、「信仰の擁護者」とまで言われたヘンリー8世は、あっさりと自分の信仰を捨て、プロテスタントであるイギリス国教会を創立しました。

このウソのような本当の出来事があってから、イギリスは今でもプロテスタントのままなのです。

Logic 4

たったひとりの王の離婚で
国中が大騒ぎになる

結果的に、この離婚騒動は、多くの国を巻き込む一大事になっていきます。

この決定に一番反対したのは、当時最強の軍事力を誇っていたスペインでした。

先ほどお話しした通り、ヘンリー8世が離婚しようとしていた王妃はスペイン人。しかも、スペインも当時のイギリスと同じく、カトリックの国だったのです。

つまりは、こういうことです。

ヘンリー8世「俺、あんたのとこからもらった王妃嫌いになったから、離婚するわ」

スペイン「はあ？　離婚？　離婚ってお前、俺ら同じカトリックじゃん。そんなの宗教的にも政治的にも認められるわけないだろ！」

ヘンリー8世「じゃ、俺たちの国、カトリックやめるわ。あと、あんたのとこの嫁さん、実はあんまり好みじゃなか

ったんだよね」

スペイン「はあ？　何だとコラ！」

……うん。こりゃ怒ります。誰だって怒ります。

そのほかにもこの当時のカトリック・プロテスタントの両方に大きな影響を与え、結果的にローマ教会はヘンリー8世を破門（宗教的な死刑宣告）。

国内で「ちょっと！　考え直してくださいよ王様！」と楯突いた人間は、ガンガン処刑されていきました。

しかし、信じられないかもしれませんが、このヘンリ8世の一見とんでもなく愚かに見える選択が、実は後世にイギリスが強国になるきっかけとなったのです。

JANE SEYMOUR.　ANNE OF CLEVES.　CATHERINE HOWARD.

CATHERINE PARR.　HENRY VIII.　ANNE BOLEYN.

CATHERINE OF ARRAGON.

イギリス、プロテスタントに なったおかげで経済が発展する

いつの世も、古いものが新しくなる時は、マイナスよりもプラスの影響を及ぼすことが多いものです。

イギリス国王のワガママによる、カトリックという古い慣習の残る信仰からプロテスタントというまったく新しい信仰への方向転換が、結果的にイギリスにいろいろな「恩恵」をもたらしてくれることになるとは、国王本人も夢にも思っていなかったでしょう。

実はカトリックでは、「私腹を肥やすこと」を否定しています。「金持ちを増やすのって、よくないよね」という価値観があるためです。

対して、プロテスタント学派のひとつであるカルヴァン派は、「どんどん儲けよう！　それがいいことなんだ！」と、経済活動を全肯定しています。

こんなふうに、プロテスタントへの転向は、経済的にイギリスに好影響をもたらしました。

のちの時代にも、「やっぱりカトリックを擁護する国じゃ幸せになれない！　プロテスタントの国に行こう！」と、商売のセンスのある人がイギリスに流れ、成功する……ということが頻繁に起こります。これが、産業革命を成功させるきっかけにもなったと言われているくらいです。

　さらに、ヘンリー8世が恋した侍女のアン・ブーリンの子、エリザベス1世は、抜群の統治力と人気の高さから、当時の人々だけでなく後世の人びとからも「イギリス最高の王女」として讃えられるスーパーウーマンとなりました。

　対して、先ほどのキャサリンの子供であるメアリーは「ブラッディ・メアリー」と呼ばれるほど横暴で、今でも国民から人気がありません。 そういった意味でも、ヘンリー8世の個人的なわがままは、実はイギリスにとって結果的に「賢い選択」になった、というわけです。

Logic 6

スペイン、国力が疲弊し急速に凋落する

対して、当時カトリック最強国のスペインは、イギリスとは対照的に、急速に国力が疲弊していきます。

スペインは「イギリスの奴め、寝返りやがって……やっぱりプロテスタントはダメだ！　カトリックを守る！」と、カトリックを擁護するためにさまざまな弾圧を行います。

国内では外国書籍の輸入を禁止したりして弾圧を強化し、国外ではフランスなどの宗教をめぐる対立に介入しました。

しかし、権力者が止めても、人間、古い慣習よりも、新しい文花の方に惹かれるものです。それも、「ダメ！」と言われているものほど「知ってみたい！」という気持ちになってしまうもの。

そんなスペインに待ち受けていたのが、1588 年のイギリスとの伝説の戦い「アルマダの海戦」でした。

スペインの無敵艦隊が敗れ、イギリスが世界の覇権を握る

　ヘンリー8世の離婚問題から関係が悪化していたスペインとイギリスは、アルマダの海戦でついに激突しました。この時、イギリスは当時無敵と呼ばれたスペイン艦隊を相手にすることになります。

　百戦錬磨の無敵艦隊に対し、イギリスは寄せ集めの海賊団のようなもの。「これ、絶対イギリス負けるだろ」と、当時周辺諸国に言われていました。

　しかし、大方の予想に反し、イギリスは大勝利を収めます。**プロテスタントに鞍替えしたことで急速に経済発展しつつあったイギリスの国力が、カトリックのスペインを上回ったのです。**

　この勝利はたちまち全世界の知るところとなりました。現在まで「伝説」になっているほどです。

　当時、スペインは全世界に植民地を持っていたので「太陽の沈まない国」と呼ばれていました。それを滅ぼしたイ

ギリスは、「太陽を落とした国」と呼ばれるようになった
のです。

　この一件以降、イギリスは海洋国家としてスペインに成
り代わり、世界の覇権を握ることになります。
「たったひとりの国王の離婚」が、ここまで世界を変え
たのです。

　太陽を落としたイギリスは、「パックス＝ブリタニカ
(イギリスの平和)」と呼ばれるほどの影響力を持つようにな
り、スペインの植民地をイギリスが次々に吸収し、今度は
イギリスが太陽の沈まない国になっていくのでした。

　いかがでしたか？　イギリスという国の繁栄の大もとを
辿れば、実はたったひとりの男の離婚に行き着く……。

　いつだって世の中は人が動かしてきたものであり、そし
てその人の考え方には、宗教や、気候や、文化といった地
理的な要素が深く影響しているのです。

メキシコ湾の
油田事故

中国の経済発展

2010年に発生した、メキシコ湾岸の油田事故。

11人の作業員が亡くなり、メキシコ湾の水が

真っ黒になり、被害総額は数百億ドルにのぼった

と言われています。

「世界最大級の人災」と言われ、

この事件を映画化した

「バーニング・オーシャン」も公開されました。

実はこの事件が発生した背景には、

中国の急速な経済発展があったこと、ご存じでしたか？

中国の発展と、世界最大の人災。

はてさて、いったいどんな関係があるのでしょうか。

メキシコ湾の

油田事故が

起きたのは

中国が

急速に

経済発展したからだ

Logic 1

2000年代、中国が急速に経済成長する

1978年、当時の中国で事実上のトップだった鄧小平が、「改革開放政策」という大きな政策変更を行いました。

それまで、中国は社会主義を掲げていました。

それまでの社会主義というのは、平たくいうと「個人が頑張ってもあまり儲からない社会」でしたから、経済発展があまり進んでいませんでした。しかし、鄧小平によるこの政策により「頑張った分だけ儲かる」経済に変わり、中国は急速に経済発展していきます。

経済発展の一番の要因になったのが、「経済特区」と呼ばれる地区の設置です。 この地区は、外国企業が税制上の優遇などの多くのメリットが得られる区域で、日本をはじめさまざまな国の企業が工場を作っていきました。

この経済特区が盛り上がった要因が、もうひとつあります。これは前のトピック（98ページ・アジアの経済発展×コメ）

のところでもお話ししたのですが、シンプルに「人口が多かったから」です。

　人口というのは素晴らしい資源です。なんといっても、たくさん人がいれば、それだけ働いてくれる人が多いということだからです。

　外国からすれば、「オレたちの国で工場作るより、中国で作った方がめっちゃ人件費抑えられるじゃん！」「安く商品を作れるし、税金も安くしてもらえるし、いいことづくめじゃん！」ということで、多くの企業が誘致されていったのです。

　その中には、日本の冷凍食品を作る工場も、服を作る工場もありました。

　工場で働けば、「こうやって冷凍食品を作ればいいんだ！」「こうやって衣服を作ればいいのか！」というのがわかっていき、工場の外でも作れるようになるというわけです。

　中国にとっても、自国の人間がそういった企業で働くことで、外国の進んだ技術・ノウハウを吸収することができ、それをもとに、徐々にではありますが、質のよい自国製品を作ることができるようになっていきました。

中国、大量の石油を
買うようになる

もともと人口が多く、人件費も安い中国です。この経済特区を中心として爆発的に経済発展し、ついには2010年にGDP（国内総生産）で日本を抜くまでになります。

そしてこの経済発展は、予想外の影響を世界に与えることになりました。

中国は長い間、石油の輸出国でした。自国で採れた石油を、日本などに売っていたのです。日本も日本で、1973年の石油危機（オイルショック）で「中東からばかり輸入してたら、いずれヤバいことになる」と感じ、中国やインドネシアなど、中東以外の地域からも石油を輸入していました。

しかし、経済発展を続けるうちに、中国はこう考えるようになります。

「あれ？　うちの石油足んなくね？　売ってる場合じゃないよな。てかむしろ、ほかの国から買わないとヤバくね？」と。

そう、中国が経済発展していく中で、国内での石油の消費量が大幅に増大していったのです。

　想像してみてください。日本の11倍の人口を持つ国が、みんな車に乗ってガソリンをじゃんじゃん使うようになったら、あっという間に石油が枯渇します。

　「全然足りねえじゃん！　石油買わなきゃじゃん！」と、石油を他国から輸入して、下の写真のように、自国のタンクにせっせと貯めこむようになっていったのです。

Logic 3

それまで下落していた石油の価格が高騰する

実は石油の価格は、1999年になるまで下落していました。

石油危機で一度大幅に価格が上がったのですが、そこからはずっと下落。理由は、「IEA（国際エネルギー機関）」という組織が結成され、「省エネするべき！」「代替（クリーン）エネルギー使おうぜ！」と叫ばれるようになったからです。

どの先進国も、昔みたいにバンバン石油を使うことはせず、小型で燃費のいい車が売れたり、風力発電や原子力発電などの石油を使わない発電が盛んになったりと、石油をあまり使わない方向にシフトしていったのです。

しかし、下落していた石油の価格が、なんと10年で5倍以上に膨れ上がります。中国が、「マジで石油ないから輸入させて！」とバンバン輸入するようになったからです。

ご存じの通り、需要と供給の関係で、みんながほしがるものは値段が高くなります。

今までは「まあ、そんなにいらないかな……」と言われていた石油が、2000 年代の中国の経済発展によって、どの国も一気に「おいおい、全然足りねーんだけど！」という石油バブル状態になっていったのです。

Logic 4

不可能と思われていた
地域でも石油採掘が始まる

さて、商品の数が足りなくなり、価格が高くなると何が起こるでしょう？

そう、「もっと作らなきゃ！」という企業が増えてくるのです。需要に供給が追いつかず、価格がつり上がっている商品なら、作った分だけ儲かります。そりゃあ「ガンガン石油を発掘するぞ！」という人も増えるわけです。

実は石油というのは、前から「ここに石油があるのはわかってるんだけど、採掘するのめちゃくちゃ大変なんだよね……」「採掘できなくはないんだけど、採掘にお金がかかりすぎて商売にならないんだよな……」という場所が、けっこうありました。

それまでは採算が取れないため、見放されていた地域があったのです。そういう地域でも、石油の価格が5倍にまでなった今なら、十分に採算がとれる。

「よっしゃ！　ガンガン採掘しよう！」という企業が一

気に増えたというわけです。

　この「ガンガン採掘しだした企業」のひとつに、あのメキシコ湾の事件を起こしてしまった企業も入っていたのでした。

過度な採掘や危険な場所での採掘が活発になる

ガンガン石油を採掘してしまうと、問題も出てきます。もともとは、「ここの採掘、技術的にも資金的にも無理ゲーだよね」と言われていた地域です。いくら科学が進歩して採掘の技術も高くなっているとはいえ、困難なことには変わりありません。

しかも、石油の価格が今は高くなっているとはいえ、将来的にどうなるかはわかりません。中国の経済成長が鈍化して「もうこれ以上石油いらないわ〜」となってしまうかもしれない。

つまり、将来的に石油の値段がガクッと落ちてしまう可能性もあるわけです。だからこそ「高いうちに早く採掘しよう！」という人たちが増えてくるわけです。

現場「ええー！　この地域、めっちゃ採掘難しいじゃないですか！　しかもこんなに急いで？　ムリですって！」

会社「うるさい！　早く売らないと石油価格落ちちゃう

かもしれないだろ。今なら確実に儲かるんだから、さっさと掘れ！」

　そんな会話があったかどうかはわかりませんが、「難しい地域」で「早く・大量に」採掘されるようになった石油。

　……次に何が起こるか、もうお分かりですね？

メキシコ湾で大規模な油田事故が起きる

　う、油田での事故です。

　2010年に起きたメキシコ湾での油田事故の直接的な原因は、管理体制の甘さや機械の故障なども重なったようですが、その裏側には「難しい地域で」「早く・大量に」採掘しなければならないという事情があったのは想像に難くありません。

　事実、その後の調査で、この油田では作業が遅れていて、それを取り戻すために安全性を軽視して採掘を急いでいたことが分かっています。

　中国の経済発展によって石油価格が高騰したことで、ガンガン採掘を行うようになってしまい、そしてあの事件が起こってしまったのです。こう考えると、より大きな利益を求める人間の業が招いてしまった事件だと考えることもできますね。

　余談ですが、この後、この事故の影響でイギリスの年金

が減りました。なぜだと思いますか？

　実は、事故を起こした採掘会社・BP（ブリティッシュ・ペトロリアム）社はイギリスの会社で、事故前は非常に優秀な会社だと考えられており、イギリスの年金の運用先として有力な候補でした。BP社の事故により、イギリスの国民が大きなとばっちりを受けた、というわけです。

　中国の話が、めぐりめぐってメキシコの自然とイギリスの年金にまで影響を与えることになったのでした。

「風が吹けば桶屋が儲かる」。ここでは「風」にあたるのが中国で、「桶屋」にあたるのがメキシコ湾やイギリスの年金でした。

　本当に、いったい何が原因になってどんな結果がもたらされるか、予想もつかないように思えますね。ただし今回は、頭の中で具体と抽象・ミクロとマクロの行き来ができれば、意外と簡単に間を埋められたかもしれません。

「メキシコ湾の油田事故が起きた背景には、どんな事実があるんだろう？」とミクロ→マクロへ。

　また「石油価格が上がった背景には、どんな原因があるんだろう？」と抽象→具体へと考えを進めていくことで、意外とラクに事情のつながりを説明できてしまうのです。

株式取引

y

オランダの低地

消費者金融、銀行、債権……

そんな金融のしくみは、今では

当たり前のものとして世界で定着しています。

「金融」という言葉を使うと難しく

感じるかもしれませんが、簡単に言えば、

「お金を持っている人が、お金が必要な人に貸す」。

元手がなくてビジネスや買い物ができない人に、

「一定期間は返さなくていいけど、

返すときは多めに返してね」と貸すのが、

金融機関というわけです。

こんなしくみができた理由、知りたくありませんか?

株式の

取引が

生まれたのは

オランダの

土地が

低かったからだ

Logic 1

オランダは
海抜(土地の高さ)が低い

オランダというのは、とても低地にある国です。**どれくらい低いかというと、なんと国土の4分の1が海よりも低い位置にあります。**

もともとオランダの前の地名である「ネーデルラント」も、「低い土地」を示す言葉でした。ですから、気を抜くとすぐに海水が侵入してきます。時間帯によっては海に沈んでしまう土地もあるため、オランダは、いつも潮の満ち引きに気をつけないといけない国なのです。

そもそもこの国の国土の大部分は、実はもとはほかの土地にあった土砂などが流れきて、積もってできたもの。つまり、ざっくりいうと川や氷河によって土が積もって作られたのがオランダ。だから、そもそもの高さが自然の土地よりも低いわけです。

ただ「土地が低い」というだけのシンプルな事実が、オランダという国のいろいろな特徴を形作っていきます。

Logic 2

オランダ、水害から
逃れるため干拓を行う

　低地で生きていくために、一番大切なのは「土地を高くして土地から水を追い出す」ことでした。

　土地が低いと、どんな問題が起こるか、一も二もなく水害です。海が荒れて高潮が押し寄せてきたら、ひとたまりもないというわけです。

　そのために行われたのが、「干拓」という事業です。

　干拓というのは、湖や入江を埋め立てることです。

● **干拓のやり方**

　① 湖や入江を取り囲むように堤防を作る

　② その堤防の中にある水を、頑張って外に出す

　③ 完全に水がなくなったらクリア！

　……と、こういうやり方で、土地を高くして水害に見舞われないようにする取り組みが急ピッチで進められていきました。

　しかしこのやり方、けっこうしんどいものでした。とい

うのも、海よりも水位が低いのは変わっていないため、水が溜まりやすいのです。

　もともと水が溜まりやすいから入江や湖になっているわけですから、一回くらいその水を抜いたくらいではもとに戻ってしまいやすいのです。そのためには、何度も何度も、ずっと水を外に出すしくみがないとダメなのです。

　そしてそのしくみを、オランダ人は完成させることになります。皆さんもよくご存じの、「アレ」によって。

Logic 3

オランダ、
風車を発明する

アレとは、風車のこと。オランダといえば風車を思い浮かべる人もいると思いますが、決して景観のためではなく、100％実用品として作られたものです。

　風車というのは、風の力で羽根が永遠に回り続けるもの。風車を干拓したいところに作り、羽根の回る力を借りて水を外に出し続ければ、ラクに干拓できるというわけです。

　幸運なことに、オランダは「偏西風」という風が年中吹く地域。土地が低いため、山に風を阻まれることもありません。こうして、オランダでは一時期１万もの風車が建てられました。**これにより、国土の20％以上が作られたというから驚きです。**そうして土地が大きくなると、オランダは独自の路線を歩みはじめます。

Logic 4

オランダ、
スペインから独立する

土地が広くなったオランダがはじめに行ったことは「独立」でした。

もともとオランダはスペインによって支配されていたのですが、土地が大きくなるにつれて農地が増え、農地が増えることで食料が増え、食料が増えることによって人口が増えると、オランダの発言力も多様性もどんどん高まるようになっていったのです。

そもそも、土地が低くて海が近いということは、情報が入りやすいということ。オランダと地理的条件の近い日本では、鎖国中であっても出島のおかげで長崎にいろんな国の文化が流入し、隠れキリシタンも多かったといいます。

同じように、オランダは昔から、新しい時代の変化についていく人が多く、人口の増加も伴って「古い価値観ではダメだ！」という人が多くなっていったのです。

オランダ独立の決定的な要因は、「カトリック」と「プ

ロテスタント」の対立でした。

　旧キリスト教と、それに反発するプロテスタント。この地域はカトリックのスペインに支配されていたのですが、隣国ドイツで宗教改革が起こったことで、この地域はプロテスタントの比率が多くなっていったのです。

　オランダ「カトリックとかもう古いんだよ！　時代はプロテスタント！　俺たち独立するわ！」

　スペイン「はあ？　何を勝手なことを！」

　オランダ「ふん！　こっちはもう土地も人口もあるんだよ！　そう簡単に独立は邪魔させないぞ！」

　スペイン「ぐぬぬ……！」

　そんなこんなで反乱は成功し、1581年、オランダの前身となる「ネーデルラント連邦共和国」が作られたのです。

Logic 5

首都アムステルダム、さまざまな国の商人でにぎわう

さて、独立したオランダは、商人の国になりました。土地も人口も揃っていて、情報も入ってきやすい。そんな地域が独立したわけですから、外から優秀な商売人が集まってくるのです。

首都のアムステルダムは今も残る国際商業都市となり、多くの商人が集まる都市として繁栄しました。**ちなみにアムステルダムというのは「アムステル川のダム（堤防）」という意味で、ここにもオランダの干拓の歴史をかいま見ることができます。**

アムステルダムには、多種多様な商人が集まりました。ほかの国で迫害されているようなユダヤ人商人も、カルヴァン派と呼ばれる新教の人も、この国では迫害を免れることができたのです。

独立して間もない、建国して歴史の浅い国で、しかも海が近いために情報の行き来がほかの国よりも多いネーデル

ラントでは、どんどんいろんな人が行き来を繰り返すように
なっていったという分けです。

　海に近くて交易がしやすく、来るものを拒まない文化も
あり、商業が発展する条件のいい、一見無双状態に見える
アムステルダム。

　しかし、そんなアムステルダムにも、ひとつだけ問題が
ありました。

Logic 6

オランダ、資金を補うため株式のしくみを作る

それは、「資金不足」です。

スペインやイギリスなどの歴史が長い大国は、領民も多く土地も植民地もあるために、「何かしよう！」と思った時には、すぐにお金を準備することができます。

たとえば、コロンブスがアメリカ大陸を発見したのも、スペインの女王、イザベル1世から資金援助してもらってこそのことでした。

しかし、アムステルダムは歴史そのものがなく、領民も土地も植民地もありません。早い話、お金がなかったのです。

そんな中、オランダはスペインやイギリスといった国々と商売で戦わなければなりませんでした。

世はまさに大航海時代。誰もが植民地を発見し、珍しいものをヨーロッパに輸入して、莫大な利益を得る、そんなことを夢見た時代だったのです。

その中で、オランダはその競争に乗り遅れることになります。オランダの船はイギリスやスペイン・ポルトガルの商売敵の船から大砲で攻撃されたり、捕まってしまったりと、さんざんな目に遭うことになります。

「あいつらに対抗したい！　でも、船に大砲を付けるカネがない……」

オランダ人は脳みそをフル回転させました。

皆さん、もうお気づきですね。これこそが、「金融」という今も残るしくみを作り上げるきっかけになったのです。

オランダの商人たちは、「今までは顔見知りからしかお金を貸りられなかったけど、まったく知らない『株主』からお金を貸してもらえるしくみを作ろう！」と考えました。

これが今も残る「株式」。

「お金貸して！　儲けが出たら多めに返すから！」と不特定多数に呼びかけたのは、スペインやイギリスといった国々に勝つためのものだったというわけです。

これによって、オランダはスペインやイギリスとの戦いに勝ち、その結果、アムステルダムは世界金融の中心都市として栄えることになったのでした。

「土地が低い」という事実から、世界の経済を動かす金融システムが生まれた……そう考えると、面白いですよね。

インドのIT産業

降水量

インドでIT企業が発達していることは、

ご存じの人も多いと思います。

インドのIT産業は急成長を果たし、

南インドのバンガロールは

「インドのシリコンバレー」と

呼ばれるまでになりました。

東京の西葛西周辺にも、

IT企業に務めるインド人がたくさん住んでいます。

実はこのインドの発展は、

たくさん雨が降る国だったから起こった……

なんて言ったら、みなさんは信じますか？

インドで

IT産業が

発達しているのは

降水量が

多いからだ

Logic 1

インドでは
めちゃくちゃ雨が降る

イ ンドは降水量の多い地域です。一般的に、降水量が多くなる地域は、次にお話しする二つの条件のうち、どちらかひとつの条件を満たしている場合が多いです。

ひとつめの条件は、「赤道と近い」こと。

皆さんも赤道直下の国々といえば、ジャングルのイメージがあるのではないでしょうか？　年中雨が降って、木々が生い茂っている地域ですね。赤道から近い国というのは、雨が降りやすいのです。

そしてもうひとつの条件は、「強風が吹く」ことです。

「風なんてどこでも吹いてるじゃん？」と思うかもしれませんが、ここでは、皆さんが考えるよりも強い風のことを指します。また、ただの強風でもダメ。海から陸に向かって吹く、海風でないといけないのです。

海から陸地に向かって吹く風は、海の湿気を含んでいるので雲を形成し、雨を降らせやすいのです。

さらにこの風が山脈にぶち当たると、その山脈の手前の地域は大量の雨や大量の雪に覆われることになります。これは「フェーン現象」によるものです。小学校の時に習ったのを覚えている人も多いのではないでしょうか。

　日本でいうと、新潟県や富山県などの北陸地域で冬に雪が降るのはこのフェーン現象が理由です。そしてインドの降水量が多いのも、これが原因。

　インドは季節風（モンスーン）という風が夏に海の方から吹き、それが山脈に当たることで大量の雨が降る地域なのです。 ほんのちょっとインドの位置が違うだけで、この大量の降雨は生まれなかったでしょう。

　たとえば、お隣りのパキスタンは、砂漠が国土面積の多くを占めているという国です。乾燥地帯なので、主食は小麦。

　それに対して、インドには砂漠がほとんどなく、主食は日本と同じくコメです。

　降水量の違いが、主食にも違いを与えているというわけです。

　この「降水量が多い」という事実が、インドの特徴のすべてにつながっているといっても過言ではありません。

Logic 2

インドの大雨×山脈＝二大大河

世界には 2000km 以上の長さの河川は 40 ほどしかなく、そのうち 2 つはインドにあります。「インダス川」と「ガンジス川」ですね。

ところで、川がどうやってできるものか、ご存じですか？　実は川が生まれるためには、雨だけではなく、地形も重要。雨が降っていても、平地であれば水溜りができるだけですよね。そう、「山」がないと川はできません。山の傾斜によって流れた水が、川になって海まで流れるのです。そこにいくと、インドは近くに大きな山や高原を有しています。皆さんもご存じ超巨大山脈「ヒマラヤ山脈」、もう少し北上すれば「チベット高原」にも行き着きます。これらを源流として、大河ができているのです。

Logic 3

人口と情報が大河に集まり
永続的に人口が増えていく

　今まではあくまで地形の話でしたが、ここからはそれがインドの文化にどんな影響を与えているのかをお話しします。

　この本で何度となく、地理が人間を形作る様子を見てきたわけですから、ただの川に、ただの山。これが人間の文化や生活を作るなんて……と考える方は、もういらっしゃらないと思います。

　その中でも、「大河」というのは非常に大きな意味を持っています。これは**世界4大文明**（メソポタミア・エジプト・インダス・黄河）**のすべてに共通しているのですが、文明が栄えるためには、近くに大きな川があることは重要な条件です。川が、すべての古代文明を作ったのです。**

　川は飲料水としても農業用水としても使えますから、人口が密集する地域において必須の地形なのです。

　この河川の活用は現代まで残っていて、ガンジス川は4

億人もの人に飲み水としてはもちろん、洗濯用として、調理用として、そして有名な沐浴の水としても使われています。水は、農業にも産業にも生活にも使えるのです。川の存在が、人類そのものを救ってきたのですね。

そして、そういう場所には、当然ながら人が集まりやすい。**インドの人口は、現在約 12 億人。世界人口の 17%に相当しますが、これからさらに増加すると予測されていて、2030 年には世界一人口の多い中国を超え、17 億人に到達するだろうといわれています。**こんなに多くの人口を支えることができるのは、やはりインドの 2 大河川、ガンジス川とインダス川のおかげと言っていいでしょう。昔からインドには多くの民族が流入し、それらの民族が多くの情報をもたらしてくれているのです。

Logic 4

インド人、社会安定のため
カースト制度を作る

イ ンドの二大河川は、多くの人々と情報を生み出しました。そして多くの民族がさまざまな情報をもたらしてくれるインドでは、独自の文化が作り出されていきます。

まず、多くの人が混在している空間で国家を成立させるためには、厳格な身分制度が存在する必要がありました。

本来ならばすごく強い王朝や、統一した宗教が存在して「お前ら、こういう風に生活しろよ！」とルールが敷かれるものです。

古代ヨーロッパではローマ帝国が存在し、392年にキリスト教を国教としました。以降ヨーロッパは「キリスト教世界」として統一されました。

日本では天皇を頂点として仏教によって統治されていました。

しかしインドには、これだけ多くの人が出入りして、宗

教も混在しているため、社会が不安定になりがちでした。

　そこで作られたのが、「カースト制」と呼ばれる厳格な身分制度。生まれた時から身分が決められて、職業が決められている。そしてその役割に従ってみんなが生きることで社会が安定する、というわけです。バラモン（司祭）・クシャトリア（王族）・ヴァイシャ（庶民）・シュードラ（奴隷）の４つに身分を分けて、上の身分の人に下の身分の人は逆らえない……それがカースト制度です。

他国からさまざまな情報が入り、数字に強くなる

そ してもうひとつ、インドの特徴として生まれたのが「数学」です。

インドには数字に強い人材が生まれやすい土壌があったのです。どういうことか？

たとえば「ゼロ」の概念は6世紀ごろ、インドで生まれました。それまではゼロという概念は存在しなかったのです。

また、インド出身の数学者も多いです。

なぜ、インドではそれほど数学が発達しているのか？ この理由としてまず考えられるのは、「情報が入ってきやすかったこと」です。 ヨーロッパからの数学の知識がインドに流入することは昔からずっと続いていました。

また、これは憶測の域を出ないのですが、インドの人口が多いことが、インド人の数字に対する意識を強くしたのではないかとも考えられます。

単純に人数が多いと、数える機会が多いですよね。3人しかいないクラスであればいちいち人数を数えたりしませんが、20人のクラスなら何度も人数を確認しないといけません。「ちゃんと20人いる？　あ、ひとり足りない！」などと。

　この影響かどうかわかりませんが、インドのヒンディー語は1〜20までの呼び方がぜんぜん違います。日本語だったら「いち」「に」……「じゅう」までは違っていて、「じゅういち」「じゅうに」……と同じ位の言葉を使っていきますよね。

　しかし、ヒンディー語にはそうした決まりがありません。**これもそれが原因かはわかりませんが、インドの子供たちは、「20×20」までのかけ算を暗記します。**日本は9×9までの暗記が一般的ですが、インドの人たちは、20×20までをパッと答えることができるのです。

Logic 6

カースト制度と数学から ITに強い文化が生まれる

　この「カースト制度」と「数学」が密接に関係して生まれたのが、インドのIT企業文化なのです。

　まず、カースト制度についてお話しします。

　カースト制度とは、ざっくりいうと「親の職業を子供が踏襲しなければらない」というもの。靴屋の子供は靴屋に、教師の子供は教師に、コックさんの子供はコックさんに。それがカースト制度です。

　しかし、IT企業というのはまったく新しい業種。ということは、カースト制に縛られることなく、勉強ができれば誰でも働くことができるのです。

　また、**IT企業で働くために、「数学に強い」ことは非常に大切な資質です。**理数系の教育を受けている人でないと、プログラミングやエンジニアリングはわかりません。

　日本の大学でも、理系であれば工学部がありますが、文系でプログラミングなどに触れられる学部は思い浮かびま

せんよね。20 × 20 の暗算などで数字に強いインド人は、プログラミングにおいて大きな優位性を持っているのです。

だからこそ、インドではIT の発展が著しく、「インドのシリコンバレー」と呼ばれるバンガロールは「世界のデジタル都市第1位」にまでなったのです。

ちなみに、インドのIT 企業が発展している理由はもうひとつあって、それは「アメリカとの距離が遠い」というもの。どういうこと？　って思いますよね。すごく単純な話で、アメリカとインドの時差はおよそ10時間。つまり、昼夜がほぼ逆転しているのです。ということはつまり、アメリカ人が夜に「仕事終わり。ここから先、インドの人お願いできる？」と連絡すると、インド人は朝なので「わっかりました！　じゃあそっちが夜の間にやっときますわ！」とアメリカ人がやった仕事の続きに取りかかれるのです。

ただ場所が遠いから、ただそこに山があるから、ただ雨が多かったから……。それが、今の底知れぬインド経済を作っているのです。

インドの降雨量の話が、地形の話が、最終的にはIT 企業の発展にまでつながりましたね。今の世界経済も、もとをたどれば、ただの雨や山の話になるかもしれませんよ？

3

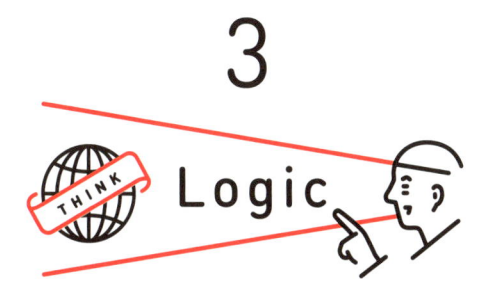

THINK Logic

国際社会の

イザコザは

いつだって

地理から始まる

ソ連崩壊

アラブの石油王

戦後、「冷戦」と呼ばれる

アメリカとソ連の対立があったことは、

ご存じですよね。

しかし、ソ連という国が、いったいなぜ

「崩壊」まで追い込まれたのか、

その本当の理由を知っている人は

少ないのではないでしょうか。

ソ連崩壊の裏で糸を引いていたのは、

日本でもお金持ちの象徴として名高い、

アラブの大富豪。実は、

ソ連が崩壊したのは彼らがいたからなのです!

ソ連が

崩壊したのは

アラブに

石油王が

いたからだ

アラブには「石油王」と
呼ばれる大富豪が存在する

ア ラブの石油王、という言葉をよく耳にしますが、で
はなぜ、アラブには石油王が存在するのでしょう？

言うまでもなく、アラビア半島に石油がたくさん埋蔵さ
れていることが原因です。

「石油は貴重な資源」という私たちの認識は、いつの世
も変わりません。石油は「新期造山帯」という地形のそば
にあることが多く、アラビア半島やロシア・メキシコ・イ
ンドネシアなどがそこにあたりますが、日本や中国などは
当てはまりません。なので、多くの国はアラブの国々から
輸入したり、ほかのエネルギーを使ったりしています。

その中でも、アラブの石油王はすさまじい量の石油を持
っていると言われています。**実に、全世界の石油の47%
が中東に埋蔵されていると言われるほどです。**この石油を
日本やアメリカ・中国やヨーロッパに売れば死ぬほど儲か
るのは、自明の理ですよね。

石油王の集まりである
OPEC、世界を揺るがす

　そんな石油王がうじゃうじゃいるアラブの国々が集まって、1960 年に結成されていたものの、それまで目立った活動をしていなかった「OPEC（石油輸出国機構）」という団体の力が、世界に見せつけられる出来事が起こりました。

　1973 年の第 4 次中東戦争（イスラエル VS アラブ 10 ヶ国との戦争）の最中、アメリカやヨーロッパ諸国におけるイスラエル支持国を牽制するため、それらの国々への石油の輸出制限を決めたのです。その結果、世界中が、2 度にわたって大変な目にあうことになるのです。

Logic 3

OPECが、石油の価格を決めるようになる

こうしてさらなる力を持ったOPECは、石油王のいる国同士で話し合って、石油に関するいろんなことを決めていくようになります。

たとえば、石油の価格。「今年の石油、いくらぐらいにする？」と、話し合って決めることができます。**そう、私たちが乗る車のガソリン代も、実はアラブの石油王たちが決めているのです。**

「いくらなんでも、そんなことできなくない？」と思う方は、ダイヤモンドを想像してみてください。本物のダイヤモンドって、高いですよね。数万円そこらじゃ買えません。では、なぜダイヤモンドは高いのか。

そう、市場に出回っているダイヤモンドの数が少ないからです。量が少ないのにほしい人が多くいれば、価格は上がっていきます。逆にもし、ダイヤモンドがありふれた宝石だったら、値段は下がります。価格というのは、希少で

あればあるほど上がります。常識ですね。石油も同じです。

そう考えた時、石油の値段をさらに上げるにはどうすればいいでしょう？

簡単です。「石油をさらに貴重なものにすればいい」のです。つまり、石油の価格をつり上げるためには、単純に石油を掘る量を少なくすればいいのです。石油の出る量が少なくなれば、「石油がない！　高くてもいいから売って！」「いやいや、うちの国に売ってくれ！　隣の国の倍出すから！」という国が出てくるわけです。

この理屈で石油の価格がガッツリ上がってしまったのが、先ほどお話しした「大変な事態」。1973年に発生したオイルショックだったのです。アラブの国々が「アメリカとヨーロッパには、もう石油売ってあげない！」と輸出をストップしたために、市場の石油量が著しく減り、その結果価格が上がり、石油を買えなくなってしまいました。

この事件は欧米諸国だけでなく、日本にも大打撃を与えました。そんなわけでアラブの石油王は、今でも大きな権力を持っているのです。

アメリカ、ソ連を壊すべくOPECに接近する

ア ラブの石油王が石油の価格を決められる理由、わかっていただけましたか？

この話をすると、皆さんの中には、こんなことを考える人もいるかもしれません。

「え？　だったら石油の価格をクソ高くしとけばいいじゃん」

「安くしないで高いままにしとけば、石油王ウハウハじゃん？」

そうなのです。**基本的には、石油王は石油の価格を高くしておきたいわけなのですが、時には逆に、石油の価格を意図的に下げることもあります。**

石油の価格が下げられたのは、1979年。ソ連がアフガニスタンに侵攻した頃のことです。

アフガニスタンはOPECに加盟している多くの国と同じく、イスラム教を国教とするアラブ系の国なので、この

ソ連の侵攻に、OPECの人たちは怒っていました。

そんなある日、OPECの中でも強い力を持つ大国・サウジアラビアに、アメリカがある交渉を持ちかけました。

アメリカ「ねえねえ、石油王さんたち。石油の価格、そろそろ下げません？」

サウジアラビア「え？　何でよ。そんなことしたら、俺らの収入減っちゃうじゃん」

アメリカ「いや、よく考えてみてください。実は石油の価格が下がると、ソ連にヤバいくらいダメージを与えられるんですよ！」

Logic 5

OPEC、石油価格を
大幅に下げる

こ の交渉を受けて、サウジアラビアは実際に石油価格
の引き下げを行います。

この効果は大きく、1980年〜1990年代末までで、1バレ
ル（約159ℓ）あたり10〜20ドル程度まで下落。一時期は
9.8ドルにまで落ち込むことになります。現在が1バレル
あたり70ドル前後なのを考えると、ありえないくらい下
がっていますよね。

**さて、いったいなぜ石油の価格が下がると、ソ連の経済
に大打撃を与えられるのでしょうか？**

ヒントは今ま
での説明の中で
実は出てきてい
るのですが、皆
さん、わかりま
すか？

Logic 6

ソ連経済、
大ダメージを受ける

先ほど、「石油はアラビア半島やロシア・メキシコ・インドネシアなどに多く存在している」とお話ししました。

そう、実はロシアにも、石油が多く存在しているのです。

ロシアの輸出額に占める石油・天然ガスの割合は、50〜60%。つまり、ロシアは石油を売って暮らしている「エネルギー輸出国」。ですから、ロシア経済は石油の輸出によって成り立っている、といっても過言ではありません。

そんな石油におんぶに抱っこの国の経済は、石油の価格が安くなるとどうなるでしょう？

そう！　輸出額が下がり、経済的に大打撃を被るのです。

実は、石油危機で石油の価格が上がった時、一番おいしい思いをしたのはソ連でした。

「やった！　石油の価格が上がって、めちゃ収入が上がったぞ！　おかげで経済も上り調子だ！」となったのです。

そしてその勢いで、アフガニスタンにも侵攻してしまいました。だからこそ、ソ連にとって石油価格の大幅下落は寝耳に水。手の打ちようもないまま、大打撃を被ってしまう結果になったのです。

ソ連、なすすべもなく崩壊する

こうしてソ連は経済的に大打撃を被り、その結果、当時実施していたペレストロイカをはじめとする改革も失敗に終わってしまいます。

そして、その悪い流れを断ち切ることのできないまま、ソ連は崩壊。アメリカとサウジアラビアの目論見が大当たりした形ですね。

実はアラブの石油の力で、ひとつの国が崩壊してしまうことすらあるのです。

たったひとつの資源が国を滅ぼす……考えてみると恐ろしい話ですね。しかしこの恐ろしい話には続きがあります。過去の出来事ではなく、今のロシアの外交にも、大きな影響を与えているのです。

詳しくは、次の項目でお話しします。

ロシアと中国の接近

アラブの石油王

「ソ連崩壊の原因はアラブの石油にあった」

ということは、前回お話しした通りです。

しかしこれは、

過去の出来事だけではありません。

今の国際政治にも、アラブの大富豪が

関わっているのです。

皆さんにもなじみのある出来事でいくと、

最近言われている「ロシアと中国の接近」も、

石油の価格の動きで説明することができます。

皆さんは、この 2 つのトピックが

どうつながっているか、わかりますか？

ロシアと

中国が

接近しているのは

アラブに

石油王が

いたからだ

2000年以降、
石油の価格が再び上がる

ソ連崩壊後、石油の価格はどうなったでしょうか？

実はこの話はもう、皆さんには一度お話ししています。

前のトピック（128ページ・メキシコ湾の油田事故×中国の経済発展）のくだりで、中国が経済発展して「石油が足りない！もっと石油がほしい！」と、中国がどんどん石油を輸入するようになった結果、石油の価格が高騰した、というくだり、覚えていますか？

アラブの石油王の力で一度は下がっていたはずの石油の価格は、2000年代に中国が経済発展したことによって、一気に上昇することになったのでした。

この事実が、世界にいったいどんな影響を与えたのでしょうか？

Logic 2

ロシア経済、プーチンの登場で回復する

さて。これによってどの国が利益を得たのか、もうお分かりですね？　……そう、ロシアです。

ロシアはこの頃、プーチン大統領によって「もっと石油や天然ガスを売ろう！」「とにかくエネルギーを外国に売りまくって、外貨を稼ごう！」という経済政策が取られていました。

これにより、ロシアの経済は一気に回復。**プーチンは「救世主」と呼ばれるほどの人気を集めることになります。**

この後もまだ、石油価格は上昇を続けます。2011年の「リーマンショック」で世界経済全体が落ち込んだ時に少し下落しましたが、それ以降は上昇を続け、石油王もウハウハな状態になっていったのです。

Logic 3

アメリカで
「シェール革命」が起こる

し　かし、そんな石油の高騰に「待った！」をかける国が現れました。アメリカです。そうです、30年前と同様、またもや石油の価格を下げる行動を取ったのです。

今回は、OPECに頼った動きではありません。日本も大きく絡んでいる「革命」と呼べる動きです。

その革命の名は、2000年代後半から起きている「シェール革命」。アメリカ国内の海底に存在し、石油に代わる資源と呼ばれる天然ガスの一種「シェールガス」を、アメリカが採掘しはじめたのです。

「OPECやロシアだけが石油で儲けるのはずるい！」

「俺たちだけで、石油に代わる資源作っちゃうもんね！」

というわけです。

「そんな資源があるんだったら、なんで今まで採らなかったんだよ？」

というツッコミはごもっともなのですが、これは単純に、

採掘技術が足りていなかったことが原因です。

　シェールガスは、アメリカ国内にたくさんあることはわかっていたものの、採掘には特殊な技術が必要でした。しかもその技術を導入するには、莫大なお金がかかってしまうため、今まではほとんど掘られていませんでした。

　しかし、「メキシコ湾岸油田事故」の時にもお話ししましたが、石油の価格が高騰すると、どんどん採掘にお金をかけられるようになります。そして、ここに日本の技術を導入することで、より安く、安全にシェールガスを採掘することができるようになったのです。

　石油やガスの採掘には、10年規模の時間がかかりますから、本格的な採掘が始まるのは2020年以降です。しかし、それでもこのシェール革命の影響はすさまじく、全世界に大きなインパクトを与えました。

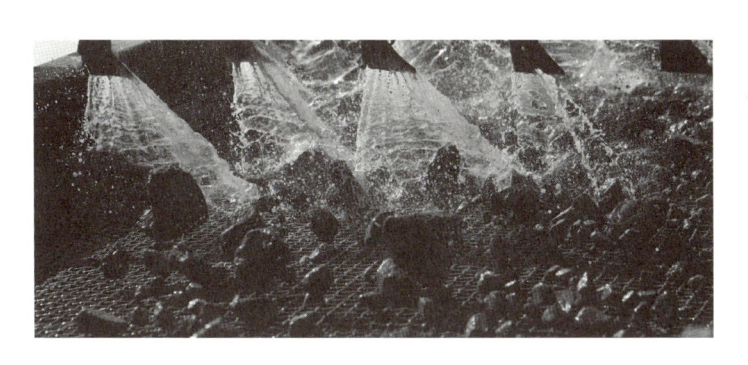

OPEC、しぶしぶ石油価格を下げる

こ のシェール革命のニュースを受けて、一番最初に動いたのがOPECです。「このままだと、アメリカに全部持っていかれちまう！」

　今までは半独占的に世界の石油を牛耳っていたアラブの石油王たちも、ここに来てついにあせりはじめたわけです。

　そしてアラブの石油王たちは、ここまで上がり調子だった石油の価格を、やむなく下げることに決めました。

「採算が合うようになったから、革命が起きたんだ。ならば、石油の価格が下がれば、アメリカでシェールガスを売る企業が潰れるはずだ」。そんな目論見のもと、OPECは現在まで、石油の増産と価格つり下げを続けています。そんなふうにOPECとアメリカが戦う中、またしてもとばっちりを食らう国がありました。

ロシア、またも経済に大打撃。アメリカとより険悪になる

先ほど「プーチン大統領は、石油を売って経済を回復させた」という話をしました。

これで大人気になったプーチン大統領は、「強いロシアを取り戻す！　ガンガン攻めよう！」という政策を打ち出し、現在でも「ウクライナ問題」として話にのぼる「クリミア半島併合」「ウクライナ侵攻」などを2014年に行いました。

しかし、プーチン大統領が行った「エネルギー獲得による経済の回復」という手段は、時に諸刃の剣になります。

どういうことかというと、「エネルギーを売っていれば儲かるなら、それでいいや。工業製品とか農作物とかは、輸入すればいいよね！」と、エネルギーを売って稼いだお金で何でもかんでも輸入してしまうと、自分の国の工業の発達を自ら阻んでしまうからです。

このへんは、日本とロシアは真逆の存在といえます。

資源がないからこそ工業力をつけなければならなかった日本は、高度経済成長期を経て、世界第2位の経済力を持つようになりました。

　反対に、資源があるからこそ工業力をつけなくても成長できたロシアは、工業力がないまま、世界第10位の経済大国になりました。

　石油価格が高いうちはそれでも成立していたロシアでしたが、この石油価格の引き下げが起こると、しだいに経済が立ち行かなくなるのです。

　これに加えて「ちょっと！　クリミアの件マジやりすぎでしょ！　ごめんなさいしないと、おたくへの輸出ストップしちゃうからね！」という欧米の経済制裁も重なり、ロシア経済はどんどん落ち込んでいきました。

　ロシアが輸入できないものの中には、「石油を掘る技術」なんていうものもありました。石油を売って経済を回復させようにも、石油の価格は低くなっており、またそもそも石油を取り出すことも難しいのです。

　これによって、ロシアの経済は深刻なダメージを被りました。社会保障などの公共サービスが次々に打ち切られ、プーチン大統領の人気はどんどん下がっていきました。

一時期は80%を獲得していたプーチン大統領の支持率

は、2019 年現在、30% にまで低下しています。

　ウクライナの話もクリミア半島の話も、最近あまり話題にのぼりませんよね。それは、ロシアが経済的に困窮した結果、攻めるのをやめたからなのです。

　こうなると、ロシア国民やプーチン大統領が怒りをぶつける相手はもう、わかりますね。

　そう、アメリカです。「またヤツらのせいで……！」と。

ロシア、アメリカの敵 中国に接近する

こうした状況の中、ロシアが接近したのが中国でした。**なぜ中国なのかというと、中国は憎きアメリカと敵対しがちな国だから。「敵の敵は味方」の理論です。**

トランプ大統領が「保護貿易」を掲げていることについては、のちほど「トランプが大統領選挙に当選したのは、トヨタがいい車を作りすぎたせいだ」のトピックでお話ししますが、これによって腹を立てているのが中国。

中国は、アメリカに買ってもらいたい商品がいっぱいあるからです。中国は人口が多いので、いろんな商品を安く作ることができますから、経済力も人口もあるアメリカにたくさん買ってほしいのです。

それなのに、アメリカは「あんまり外国製品買わないよー」「自分たちの国だけで作っちゃうもんねー」と、中国製品を買わなくなってしまったのです。

これにより、2018年7月ごろからアメリカと中国の間

で「米中貿易戦争」と呼ばれる対立が生まれ、互いに「お前のとこの商品なんて買わないよー！」と、さまざまな政策を打ち出す事態に発展してしまいました。

そんな背景から、ロシアは中国に近づいたのです。

ロシア「中国さん中国さん。アメリカってうざいよね？」

中国「ねー、マジうざいよね！　わかる！」

ロシア「それなら、俺と手を組まない？　一国だったら対抗できないかもだけど、俺らならいけるっしょ！」

中国「いいね！」

こんな感じで、ロシアと中国は接近しているわけです。

今も昔も、ロシアという世界最大の面積を誇る強国の運命は、石油が握っている……。 そう考えると、なかなか面白いですよね。

これ以外にも、エネルギーが問題の中心になって起こる国際的な衝突はまだまだあります。皆さんもぜひ、エネルギーという観点から今の国際政治を眺めてみてください。

石油に石炭、レアメタルにダイヤモンド・金、時代によっては真水……人間の醜い争いは、今も昔もエネルギー資源の問題によって生まれているのです。

世界大戦

石炭

世界史における超重大事件、世界大戦。

人類は今までに2度、世界大戦と呼ばれる、

世界を巻き込んだ大戦争を経験しています。

実は、この2回の世界大戦は両方とも、

ある地域で石炭が多く取れたことが

原因なのですが……、

皆さんはご存じでしょうか？

2度にわたる

世界大戦が

起きたのは

フランスに

石炭が

あったからだ

フランス、ひとつの地域に資源が集中する

フランスはもともと、資源が豊富にある国ではありません。日本と同じく、ほかの国から資源を輸入しないとやっていけない国です。

この場合の資源とは、石油や石炭などのこと。あらゆるもののエネルギー源となるもので、一番わかりやすいのは火力発電です。石油や石炭を燃やすことで、多くの電力を得ることができます。

そのため、資源が乏しいフランスは、世界一原子力発電所が多い国になっています。原子力発電なら、エネルギー源が少なくても発電できるからですね。

そんなフランスですが、実は1箇所だけ、めちゃくちゃ資源のある地域があります。

それが「アルザス゠ロレーヌ地方」。ここは、鉄鉱石や石炭が豊富に採れる産地で、またぶどうや小麦などの農産物も豊かな地域です。

Logic 2

資源の眠るアルザス＝ロレーヌ地方、ドイツと国境を接する

国内に資源が豊かな場所がある。それだけなら、自国にとっては大歓迎のはず。**問題は、アルザス＝ロレーヌ地方がドイツとの国境沿いにあったことです。**

すると、どうなるか？　ドイツ人は「あの土地、俺らの土地にしたいよね」と考えるわけです。日本でいえば、島根県の人が隣の鳥取県に対して「鳥取砂丘、めっちゃ観光客が来てていいなあ。島根砂丘にならないかな」と考えるようなものです。やがてドイツ人は、この資源豊かな土地を求めるようになりました。

またこの地域には、ドイツ系の人が多くいました。文化的にはフランス色が濃くても「同じ人種が多いのに違う国」ということで、よけいに羨ましくなったわけです。

ドイツ、アルザス＝ロレーヌ地方を略奪する

　そんなわけで、ドイツは長い間虎視眈々とアルザス＝ロレーヌ地方の領有を狙っていたわけですが、これが現実のものになる事件が起こります。

　1871年、フランスの王様でナポレオンの甥っ子・ルイ＝ナポレオンが、ドイツ（当時のプロイセン王国）とのドンパチ、つまり普仏戦争に敗れてしまったのです。

　フランス「うう、負けちまった……。で、ドイツさんは何がほしいのさ？」

　ドイツ「アルザス＝ロレーヌ地方をくれよ」

　フランス「えぇ？ マジか！」

　そんなわけで、ドイツの手に渡ってしまったアルザス＝ロレーヌ。この出来事は、のちのちまで両国に禍根を残します。

Logic 4

ドイツ、アルザスの資源を
得て産業革命を達成する

こうしてまんまとアルザス゠ロレーヌ地方の資源をせしめたドイツは、とある一大イベントを体験します。それが「産業革命」です。

ご存じの通り、産業革命とは、人々の生活にイノベーションを起こすほどの技術革新のこと。工業化、つまり機械化によって人の手をかけずに大量の製品を作れるようになり、大きく産業が成長する転換期のことです。最近、AIを活用した「第4次産業革命」という言葉を耳にする人も多いと思います。

ドイツが経験したのは、第2次産業革命でした。アルザス゠ロレーヌ地方の資源を用いることで、豊富になった電力による大量生産が可能になったというわけです。

これによって強大な力を得たドイツを見て、周辺の国々は「うわ、ドイツまじヤバくね？ 俺ら、勝てないんじゃね？」と、不安に思いはじめます。

当時のヨーロッパの国際政治の基本は、勢力均衡（バランス・オブ・パワー）。

　つまり「すべての国が同じくらいの力なら戦争が起きにくいから、突出して強い国を作らないようにしよう」という考え方でした。それに真っ向からケンカを売るようなドイツのやり方に、他国は戦々恐々としていたわけです。

　そして、その横で怒りに燃える眼差しでドイツを見る国がありました。何を隠そう、フランスです。

フランス、ドイツに対し リベンジを誓う

お分かりの通り、アルザス＝ロレーヌ地方は、フランスにとって非常に重要な土地でした。資源だけでなく、綺麗な街並みが残っていて今でも多くの観光客が集まる、そんな素晴らしい場所だったのです。

それを奪われたフランスは、怒り心頭でした。戦争に負けたルイ＝ナポレオンはもちろん失脚し、国内では「アルザス＝ロレーヌを取り戻せ！」との声が多くあがっていたのです。

自分たちの土地を他国に奪われるということは、経験の少ない日本人には想像しづらいですが、その国の人にとってはかなりのショックだったはずです。

私たちだって、一度も北方領土を訪れたことがない人でも、一度くらいは「いい加減返せよ、プーチン！」と思ったことがあるでしょう。

このドイツへの反発感情から、フランスは一致団結して

ドイツに戦いを挑む機会を窺いはじめます。しかし、ドイ
ツは産業革命によって強大な力を手にしていましたから、
フランス単身で挑んでもかなわないのは明らかです。

　そこで選んだのが、イギリスとロシアとの「三国協商」
です。「近くの大国と同盟を結んで戦えば、ドイツに勝て
る！」と考えたのです。

そして、
2度の世界大戦へ……

こ うして1914年、世界の多くの国を巻き込んだ第1次世界大戦が勃発しました。

7000万人以上の軍人と50近い数の国が巻き込まれ、軍人・民間人合わせて1500万人以上といわれる多大な犠牲を払いながら、翌年フランスは結果的に、ドイツからアルザス＝ロレーヌを取り返すことに成功します。

フランス「今までの恨みだ！　賠償金もよこせ！」

ドイツ「はあ？　何この額！　払えるわけねーだろ！」

フランス「人の土地奪っといて、なんだその言い草！」

というわけで、フランスがドイツに課した賠償金は、本当に目玉が飛び出るほど天文学的な額でした。

ドイツ「ちょい待てよ！　俺ら、ひどいことしたかもしれないけど、ここまでのことした？　ちょっと土地を借りただけじゃね？」

フランス「だまれ！　愛するアルザス＝ロレーヌを奪わ

れた恨み、きっちり晴らさせてもらう！」

　ドイツ「何だよそれ、マジ勘弁してよ！」

　フランスは莫大すぎる賠償金を要求し、ドイツの支払いが滞ると、逆にドイツの工業地帯を占領したりしました。これによって一時、ドイツではハイパーインフレが発生。ドイツ経済は大混乱に陥りました。

　その混乱に乗じて登場したのが、あの悪名高きアドルフ・ヒトラーです。ヒトラーは、ドイツを、そして世界を、大戦へと導いていきます。ヒトラーはその演説の才能と、「ユダヤ人」や「フランス・イギリス」といった共通の敵を作り上げることによって民衆をひとつにまとめました。「今こそフランスに復讐してやれ！」という感情を引き出すことで、民衆の心をひとつにしたのです。これによってヒトラーはどんどん権力を握っていき、ドイツは第2次世界大戦へと突き進んでいった、というわけです。

　ある地域の資源が、世界大戦の原因にまでなってしまうことがある……。ホント、人間の欲って恐ろしいですね。

　ちなみに今、このアルザス＝ロレーヌ地方の中心都市・ストラスブールには欧州議会が置かれ、本部のあるベルギーのブリュッセルとともにEUの中心地となっています。「戦争の経験を忘れないように、これからは、資源は共有

財産としてシェアしよう」

「ヨーロッパ全体で仲良くしていこうや」

　アルザス゠ロレーヌ地方がEUの中心になっている背景には、そんな反省と希望が込められているのです。

ドナルド・トランプ

トヨタ

2016年、アメリカ大統領選挙に勝利した

ドナルド・トランプ。優勢だと思われていた

ヒラリー・クリントンを下した彼の大逆転勝利は、

全世界を驚愕させました。それもそのはず。

彼は「メキシコとの間に壁を作る!」

「自由貿易をやめて、保護貿易にする!」などと、

時代に逆行した強硬な政策を掲げていたからです。

しかし、その勝利の裏には、日本のあの有名企業が

影響を及ぼしていたこと、知ってましたか?

かつて世界一の自動車メーカーに上り詰めた「トヨタ」。

その両者に、いったいどんな因縁があるのでしょう。

ドナルド・トランプが

大統領選挙に

勝ったのは

トヨタが

いい車を

作りすぎたからだ

トヨタ、
超高品質の車を作る

今や日本の自動車会社の多くが、世界でも有数の大企業になっています。その中でも「トヨタ」が世界一の自動車メーカーにまで上り詰めたことは、皆さんご存じですよね。

しかし、トヨタははじめから強かったわけではありません。むしろ昔は、「日本車なんて小さくて乗りたくないよ！」「やっぱりGMとかBMWとかの大型車でしょ！」と、日本車は世界から見向きもされていなかったのです。

1960年代、当時のアメリカで流行っていたのは、燃費の悪い大型車。しかし、日本が作っていたのは小型で低燃費の車でした。

日本は今も昔も、生真面目で勤勉な人が多いので、小型車でも、故障の少ないいい車を作る才能があったのでしょう。しかし、この時代は、まだ世界ではあまり日本車は売れていませんでした。

Logic 2

アメリカで
日本車ブームが起きる

そこに、流れが180度変わる大事件が起こります。1973年と1979年に起きた、2度の石油危機（オイルショック）です。

それまでは、石油を湯水のように使っても何の問題もなかったのですが、石油危機で石油不足に陥り、ガソリンの価格が高騰すると「ヤバい！燃費のいい車じゃないとダメだ」と、世界的に低燃費の車を求めるようになります。

「これからは、燃費のいい小型車っしょ！」

「あれ？　そういえば、日本車って小型だけど燃費いいし、故障も少なくて使えるじゃん！」

こうして、世界的に、特に当時車を必要とする人口の多かったアメリカで、日本車ブームが起こったわけです。

今まで売れていた
アメ車メーカーが衰退する

すると、どうなるか。世界の自動車メーカーは大慌てです。多くのメーカーは大型車を作ることに特化していましたから、この小型車への変化になかなか対応できなかったのです。

特にアメリカは顕著でした。日本車が飛ぶように売れ、逆にアメリカ車が全然売れなくなってしまったのです。

困ったのは、アメリカの自動車メーカーです。

アメリカの自動車メーカーは戦前のT型フォードの時代から50年近く「大型車を作れば売れる」という経営方針で工場などを作っていたため、ここから急に小型車路線に方向転換するのは無理な話でした。

その結果、日本の自動車メーカーになす術もなく敗北してしまいます。

Logic 4

デトロイトなど、北部の 自動車産業地域が衰退する

ア メリカの自動車メーカーの敗北・衰退は、アメリカの産業構造を根本から変える発端となりました。

　もともと、アメリカの産業は北東〜中東部中心。鉄鉱石や石炭など多くの資源があり、車など機械類の生産に最適でした。それがこの敗北を機に、大きく衰退することになります。**一方この時、アメリカで新しく脚光を浴びはじめた地域がありました。北緯約37度以南の温暖な地域です。**

　この地域は、北部よりも広域に情報技術産業（いわゆるIT系企業）があったり、安価な労働力が得られたりと、企業にとっていいことずくめでした。そのため、アメリカの産業の中心は自然とこの地域に移っていきます。いつしかこの南部地域は、「サンベルト（暖かくてイケイケな地域）」、北部地域は「フロストベルト（冷え切った地域）」と呼ばれるようになりました。

トランプ、衰退地域に目をつけ、保護貿易実現を公約する

こうなると、困るのは北部の人たちです。

北部の労働者たちは、この産業の大転換で失業を余儀なくされてしまいました。

アメリカ最大の自動車メーカー、GM の本社があったデトロイトでは失業率が急増し、それと同時に犯罪率・貧困率も跳ね上がりました。デトロイトは、世界的な犯罪都市として有名になってしまったのです。

「何でこんなことになっちまったんだ！」

「ちくしょう！　俺たちは真面目に車を作っていただけじゃねえか！」

北部の労働者たちは、そんなふうに日本製品に不満をぶつけるうちに、自由貿易を行う国そのものに不満を持つようになります。

「そもそも日本車なんか輸入するから、俺らの仕事がなくなったんだろ！」と。

このえのち、アメリカと日本はこうした貿易によって起こるさまざまな「貿易摩擦」を解消するため、日本の自動車の生産工場をアメリカに移転して、現地の労働者を雇用する現地生産方式を行うようになります。

「失業させちゃってごめんなさい。でも、ちゃんとアメリカであなたたちを雇いますよ！」ということですね。

しかしこの工場も、当然北部のフロストベルトには作れません。

「日本車を作るだって？　ふざけるな！　俺はお前らに仕事を奪われたんだ！」という人たちが多い地域には、危なくて工場を置けませんし、先ほどお話しした通り、南部の方が条件が良かったのです。結局、北のフロストベルトと南のサンベルトの差は解消されることはありませんでした。そして、そんなフロストベルトの不満に目をつけたのが、不動産王・トランプだったのです。

「わかるよ、兄弟たち！　やっぱり、自由貿易はダメだよな！」

と、フロストベルトの人たちを中心に声をかけていったのです。

フロストベルトの労働者、トランプに同調する

トランプは、「強いアメリカを取り戻すためには、自由貿易なんてダメだ！」という政策を掲げ、TPP（環太平洋パートナーシップ協定）や NAFTA（北米自由貿易協定）を否定。貧困にあえぐ北部の人たちに、こう言いました。

「自分が大統領になったら、まず国内の雇用を守る！ 自由貿易なんて、労働者の利益が守れないじゃないか！」 と。

これに対し、最初はうさん臭い目でトランプを見ていた多くのフロストベルトの労働者たちも、だんだん「そうだよく言った、トランプ！」と支持するようになっていきます。南部が産業の中心になっているとはいえ、北部もまだまだ力があります。

こうして、トランプは北部に大きな支持基盤を得ることに成功したのです。

トランプ、まさかの大逆転で
合衆国大統領になる

　うして2017年1月20日、第45代アメリカ合衆国大統領に就任したのが、ドナルド・トランプだったわけです。

　対抗馬だったヒラリーは、先端技術産業に投資することで雇用を生み出すことを政策に掲げていました。

　これは、もちろん南部の人たちは「いいね！」と言うでしょうが、北部の人たちにとっては「なんだよ、南部びいきかよ」と面白くありませんよね。そうした背景もあって、北部の人たちはトランプ側についたわけです。

　アメリカも広いですから、トランプが「どの地域から」支持を集めていたんだろう？　また、なぜその地域の人たちはトランプを支持したんだろう？と見ていくことで、大もとの原因にたどり着くことができます。

「日本がいい車を作る」という、一見日本にしか影響がなさそうなことが、もしかしたら他国の経済にまで影響を及

ぼしているかもしれない……。

　そうやって視野を広くして深掘りする姿勢が、より教養を深めてくれるのだと思います。

　トランプ大統領はよく「この時代に保護貿易なんて……」「世界のグローバル化に逆らう考え方だ！」と批判されますが、こうやってひも解いていくと、意外と合理的な考え方に基づいた政策であることがわかります。少なくとも、北部の人が支持するだけの意味はあった、というわけです。

「火のないところに煙は立たない」と言いますが、驚くような出来事やびっくりするようなイベントであっても、何事にも実は原因があるものです。まさかの大逆転と言われるドナルド・トランプの大統領選勝利にも、このようなとても興味深いロジックが存在したのでした。

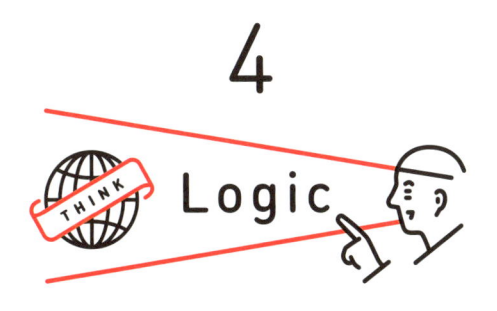

4

THINK Logic

世界の歴史は

いつだって

地理から

生まれてきた

太陽の塔

ワイン

皆さんご存じ、

岡本太郎の「太陽の塔」。

大阪万博のシンボルとして作られ、

今も語り継がれる

素晴らしい芸術作品ですが、

この作品が作られた背景には、

フランスのワイン事情が

深く関係していること、

知ってました？

岡本太郎の

「太陽の塔」が

生まれたのは

フランスが

ワインの名産地

だからだ

フランスのワインは
とてもおいしい

ご存じの通り、ワインは、栽培する気候や地形による影響でさまざまな風味に変わります。

おいしいワインを作るにはおいしいブドウが必要になり、おいしいブドウを作るためには、痩せていて、水はけの良い土地が好ましいと言われています。

この条件にぴったり合う土地を持つ国が「フランス」でした。**フランスのワインは世界的に有名ですが、それはフランスに水はけのよい土地やワイン作りに適した環境が揃っていたからなのです。**

とりわけ有名なのは、ボルドー地方のワイン。ボルドー産のワインは高級で、日本でも人気ですよね。

太陽の塔が生まれたきっかけは、実はこのワインをめぐる争いにあったのです。

Logic 2

イギリスとフランス、ボルドーワインを求めて戦う

い つの世の中も、「おいしいもの」への欲求は人間の原動力。フランシス・ドレークがイングランド人としてはじめて世界一周を成し遂げたのも、**コロンブスがアメリカ大陸を発見したのも、もとはと言えば「胡椒」がほしかったからです。**ウソのような本当の話ですが、肉に胡椒をかけたらとってもおいしくなったので、「肉にふる胡椒がほしい！」と、香辛料のあるアジアを目指したのです。

　また、**近代になってイギリスをはじめ多くの国が黒人奴隷を雇うようになったのも、「砂糖」がほしかったから。**

「砂糖のあるところに奴隷あり」と言われるほど、黒人奴隷による砂糖のプランテーション経営が流行しました。

本当にウソみたいですが、「おいしいもの」のためには、

人間は世界一周しちゃうし、奴隷だって雇っちゃうのです。そして、戦争だってしてしまうのです。

先ほどお話ししたボルドー産のワインは、イギリスとフランスが100年にも及ぶ大戦争を行うきっかけになりました。このボルドーという地域ははじめ、フランスの領土でした。しかし、のちにイギリスの王様がこの土地を獲得したために、フランスの手を離れることにになりました。

「イギリスに奪われて、ボルドーのワインが飲めない！」

フランスの人たちは、このボルドーをどうしても取り返そうと躍起になり、イギリスと争うようになりました。しかし、イギリスの人も「ボルドーのワインが飲みたい！」という人が多かったのです。

イギリスはフランスより高緯度にあるため、ワインを作るには寒すぎます。 もしボルドーのワインが飲めなくなったら、イギリス人は、ビールとウイスキーしか飲めなくなってしまいます。これを受けて、イギリスとフランスは100年に及ぶ戦争を行うことになりました。

もちろん、ワインだけが原因というわけではなく、他の地域の領土問題もこの戦争の原因でしたが、それでも、このボルドーワインをめぐる対立が、100年戦争を構成するパズルのピースのひとつになったことは間違いないのです。

Logic 3

フランス、ボルドーを取り戻し イギリスとの対立が激化する

こうして、イギリスはフランスと一戦交えることになりました。

ワインをかけた戦いはかなりの長期間におよび、なんとその戦争の期間は100年間にも及びました。 1339年（1337年の説もあり）からはじまった戦争は1453年まで続き、のちの世で「100年戦争」と呼ばれるようになったのでした。

この戦争を終わらせた人の名前を、皆さんはご存じだと思います。そう、あの「聖女」、ジャンヌ・ダルクです。

劣勢だったフランスの軍を鼓舞してイギリス軍を倒し続け、オルレアンという地域をイギリスの包囲から救ったの

です。そして最期は、イギリス軍の捕虜になって火刑に処されてしまいました。この長い長い戦争は、ジャンヌダルクのこのような身を呈した活躍によって、フランスの勝利に終わったのでした。

そしてこれ以降、イギリスとフランスの対立は決定的なものとなります。100年の戦争が終わっても、イギリスとフランスは対立関係を続けたのです。

僕は、この対立の背景には、100年戦争以降イギリスがボルドーのワインを飲めなくなり、ビールとウイスキーを飲まざるをえなくなったことがあるのではないかと、勝手に考えています。

「食べ物の恨みは怖い」といいますが、飲み物の恨みだって十分怖いものです。おいしいワインを以降自由に飲めなくなったというのは、イギリス VS フランスの対立を煽ることになったのではないでしょうか。

もちろん本当のところはわかりませんが、このボルドーワインとそこから始まった100年戦争が、イギリスとフランスの対立を大きく助長したことは、疑いようがないように思えます。

Logic 4

イギリス、第 1 回万博で
世界にマウンティングする

　そして、19 世紀に至るまで何度も対立したイギリスとフランスは、1851 年、あるひとつの国際的な催しにおいても強く対立します。

　そう、皆さんご存じ万国博覧会・略して万博です。

　万博の名前を聞いたことがない人はいないと思いますが、実際、このイベントがなぜ行われるようになったのかまで知っている人は少ないのではないでしょうか。

　これを最初に行ったのは、イギリスでした。

　第 1 回万国博覧会はロンドンで行われたのですが、この万博の目的は「イギリスの繁栄を象徴する」というものでした。

　早い話が、イギリスの力を他国に見せつけるデモンストレーションだったわけです。

　実際、この時代にしては珍しすぎるガラス張りの「クリスタル・パレス（水晶宮）」が作られ、800 万人もの人々がこ

の万博を訪れたといわれています。

　その際には、産業革命により生まれて間もない鉄道により効率的に人が輸送され、多くの国の人々を驚かせました。まさに「先進工業国」イギリスの力を、世界の多くの人に見せつけることになったのです。

Logic 5

イギリスに負けじと
フランスも万博を開催する

さて、これに黙っていられなかったのがフランスです。「あんなにイギリスが成功したのなら、俺たちだって！」

そう言って、イギリスよりもいい万博を開こうと躍起になった結果、より大きな規模で開かれたのが、4年後のパリ万国博覧会でした。

このパリ万博の人気を支えたのは、実は先に登場したボルドーワイン。万博に来た人がこぞってボルドーのワインを飲み、「こんなにおいしいワインがあるなんて！」と絶賛。このことで、フランスはワインの輸出国としての地位を確固たるものにしたと言われています。

こうして、最初期の万博はイギリスとフランスによる競争、そしてボルドーのワインのおかげもあって大成功。現在まで続く大きな催しとなったのでした。

フランスとイギリスの対立からはじまった催しではあり

ますが、どんどん国を変えて開催されるようになっていく
のでした。

　今や「万国博覧会」の名前を知らない人は世界にも少な
いでしょう。オリンピックと並んで世界的に有名なイベン
トとして、現在まで残るくらい有名な催しになっていきま
す。

日本の万博のシンボルとして
太陽の塔が作られる

現在まで続く万博の歴史の中で、アジアではじめて日本で開かれたのが1970年。アメリカに次ぐ経済大国になった日本の威信を示すために開かれたのでした。この目的は、第1回の頃からまったく変わっていません。

結果的に77か国が参加し、6000万人を超える人々が来場し、万博史上最大の成果を収めることになるわけですが、**その日本初の万博で、「日本の国力を示すために、シンボルがほしい！」という要請のもと建てられたのが、あの「太陽の塔」だったわけです。**

太陽の塔は、日本の国力を示すためのものだったからこそ、あれだけ派手で、人の心を動かす作品となったと言えるのではないでしょうか。

2025年、2回目の大阪万博の開催が決まりました。私たちに太陽の塔を超えるどんなインパクトをもたらしてくれるのか、今から楽しみですね。

明治維新

中国の国土

「日本史における最大の転換期」

といっても過言ではない、

明治維新。

徳川幕府300年近くの歴史が終わり、

同時に日本の鎖国政策が終わりを告げた

あの出来事は、

実は中国の国土が広かったからこそ成功した……。

そんなふうに言ったら、

皆さんは信じられますか？

明治維新が

成功したのは

中国の

国土が

広かったからだ

Logic 1

中国の国土は
おそろしく広い

中国という国は、とんでもなく大きな土地を持っていますよね。ユーラシア大陸の東にどでかく存在していて、今でもロシアやカナダについで世界で4番目に大きな国土を持っています。

　地理的な特徴をお話しすると、**中国の国土は日本のように山がちではなく、平地が多いので住みやすい。また、海と山との距離が遠いため平野が広く、大きくなだらかな河川が多いのです。さらに沿岸部が広く季節風の影響で降水量も多いため、水が利用しやすいのです。**

　本書を最初から読んでいる方なら、「水とか川があったら、何かいいことあるの?」なんて思う方はいませんよね。「インドのIT企業と降水量」の項でもお話ししましたが、古代、水が利用しやすいというのは、実はものすごいアドバンテージでした。

　今であれば、浄水技術が発達しているために「水がなく

て困る」なんてことはありませんが、昔は、水源の確保は文字通り生命線だったのです。

　ある程度の人口が集まった場所には飲み水が不可欠ですし、農業をやるにも水が必要。でも、川がないと好きな時に好きなだけ水が使えるようにはなりませんよね。だからこそ、川の水が大切なのです。

　これは、以前のトピック（158ページ・インドのIT産業×降水量）の話でもしたのですが、川は多くの人口を養うために必要なものなのです。川は、食事にも、農業にも、生活のためにも使うことができます。生活のためには川が必要なのです。

　その証拠に、インダス文明、メソポタミア文明など、栄えた古代文明の近くには、必ず大きな川がありました。その上、中国には肥沃で農耕に適した土地も多く広がっていました。

　世界ナンバーワンの人口と、世界で4番目に大きい国土を持つスケールの大きい国は、こうした土地の特性によっても支えられているわけです。

Logic 2

中国の王朝は
人民統治に苦労してきた

さて、そんな大きな国土を持つ中国にはひとつ、大きな悩みがありました。それは、「人民の統治が大変」だということです。

単純に広い土地があって、いろんな人がいれば、当然取りまとめるのは大変。しかも中国は日本とは違い、いろいろな民族が出入りしています。

ユーラシア大陸は地続きですから、中国にはさまざまな人が入れてしまうわけです。

現在でもそうですが、中国には多くの少数民族が存在しています。日本はほとんどが大和民族であることを考えると、中国の大変さが改めて浮き彫りになります。

しかも、外敵も多い。**「中国の土地は、山脈が少なくて沿岸部が広い」**とお話ししましたが、逆に言うと、敵からすれば**「攻めやすい」**ということでもあります。

外敵に対処しつつ、かつさまざまな民族が入り乱れる中

国を統治するというのは、非常に骨の折れることなのです。

　このため、中国では何度も何度も何度も、王朝が変わっていきます。世界史を選択した人ならわかると思いますが、覚えるのが大変なくらい、いろんな王朝が作られては消えていったのです。

　日本は1000年以上も天皇家が治めることができたのですが、中国は歴史上、近代にいたるまで統一した王朝がずっと続くということはありませんでした。

Logic 3

中国で王が絶対視されるようになる

そんな統治の難しい国を、どう治めるか？

答えはシンプルです。**いろんな人の意見を聞いていてはキリがありません。だから、とにかくひとりに権力を集中させればいいのです。**民主主義的に「みんなで決めよう」なんてやっていては、統治なんてできませんから。

そのため中国には、「華夷思想」というものがあります。「世界の中心は中国で、中国の王は世界の王！」という考え方です。

聖徳太子が「太陽の沈む方角の王へ」と書いた手紙を遣隋使から受け取った隋の王が、「ふざけるな！　王はこの世に朕ただひとりだ！」と激怒したという話は有名ですね。

そして、この思想に基づいて行われたのが、「朝貢」というシステム。通常の貿易のように対等な立場で輸出と輸入を行うのではなく、あくまで中国の方が立場が上で、王に貢ぎ物をするならそのお返しをくれてやってもいいぞ、

というやり方です。

「そんなやり方じゃ、どこも相手にしてくれなくない？」

　と思いますよね。でも、この朝貢は、意外と中国よりも貢ぐ国の方がメリットが大きい場合が多いんです。**実は、貢ぎ物をすると、「返礼品」によって貢ぎ物よりも大きなリターンが返ってくるのです。**

　どういうことかというと、中国の方が格が高いわけなので、中国は器の大きさを見せたがるのです。返礼品の送りすぎで、中国が財政難に陥った時代もあったくらいです。

　さらに、朝貢する側の国からすると、中国の王様の後ろ盾があると国を治めやすくなることもありました。

「俺らの国に攻め込んだら、中国が黙ってねえぞ！」と。

　そして、これが一番の理由なのですが、中国って、ぶっちゃけ、ほかの国と交易する必要がないんです。国土が広く、農作物も豊富なので、自分の国で何でも作れてしまう。だから、貿易ではなく朝貢によって、自分たちの国の格を高めることの方が重要だったのです。

ヨーロッパ、中国に貿易を求めるもフラれ続ける

え？　明治維新の話はいつ出てくるんだって？　まあまあ、もう少し待ってください。

とにかく、中国はそういう「朝貢体制」を取っていて、どんな国とも朝貢による契約関係を結んでいました。東南アジアの国でも日本でも、ヨーロッパの国であってもそれは例外ではありませんでした。

しかし、ヨーロッパの国々の人にとって、これは受け入れがたい話でした。

ヨーロッパ人「どうも中国さん！　僕らと貿易しませんか？　いい商品いっぱいありますよ！」

中国人「いやです」

ヨーロッパ人「えっ？　何でですか？」

中国人「私たち、いい土地があるんで、基本何でも自分たちで揃えられますし。どうしてもと言うならいいですよ。ただし、私たちの皇帝が絶対の王であり、あなたたちの国

が家臣であるという契約を結んでください」

　ヨーロッパ人「マジありえねえ……」

　……とまあ、こんな感じで、全然話が進まないわけです。

　そんな中国に対して「待った」をかけたのが、当時イケイケで世界の覇権を握っていた国。そう、イギリスです。

業を煮やしたイギリス、中国に戦争をしかける

イギリスは中国に貿易を求めますが、先ほどの理由でうまくいきません。それでも何とか、だましだまし交易を行っていたのですが、イギリスから輸入した麻薬の一種「アヘン」によって中国で中毒者が大量に出ていることを理由に、一方的に交易を打ち切られてしまいます。

イギリス「なるほど、そうきたか。じゃあ、これを機に中国の貿易の扉を強引にこじ開けちまえ！」

イギリスにとっては、こんなにラクな戦争もありません。何といっても、世界で一番はじめに産業革命を経験したイギリスの国力・軍事力は当時、世界最強でした。

赤子の手を捻るように中国をこらしめたあと、「んじゃ、これで貿易よろしく！」とばかりに、中国と対等な貿易を強制するようになったのです。

Logic 6

中国の敗北を知った日本、あせる

こ れに戦々恐々としたのが、何を隠そう日本です。

日本は、中国という近隣で一番の大国であれば、いくら相手がヨーロッパ最強のイギリスといえども、互角に戦えるだろうと考えていました。

昔は、日本だって中国と朝貢を行っていましたから、中国という国の大きさ、強さを信じていたわけです。

しかし中国は、イギリスになすすべもなく敗北してしまった。これは怖いですよね。

しかも日本は、中国と同じように鎖国していて、ヨーロッパの国から「開国してよ」と求められていたのですから。

「次に狙われるの、俺たちじゃね？」

「中国の二の舞になるんじゃね？」

という不安が生まれることになったのも、当然ですね。

Logic 7

日本、自主的に明治維新を達成する

さて、ここまで来ればあとはわかりますね。

この不安の中で日本にペリー率いる黒船が来航し、天皇を敬い、外国をはねつける「尊王攘夷」が叫ばれたものの、日本では比較的平和に開国が行われました。

中国のように戦争して強引に開国させられるのではなく、自分たちの方から「開国しよう」「明治維新だ！」と、次の時代への準備を自主的に行ったわけです。

自分たちの方から開国し、自分たちで「外国に追いつこう！」と富国強兵を推し進めた日本は、この後30年と経たないうちにくだんの中国王朝・清と戦うことになります。ご存じ日清戦争ですね。

この結果、欧米列強にむりやりこじ開けられて、民主主義も憲法も富国強兵の準備も全然できていなかった清朝に勝利することになりました。

中国が土地がもう少し小さくて、外敵が少なくて統治に

苦労しない国だったら……？

　もしかしたら、結果は違っていたかもしれませんね。「もし」を考えはじめたらキリがありませんが、根本にあったのは「土地の大きさ」だったというのは、確かなことだと思います。

　土地の広さや豊かさ・降水量や河川というのは、実はこんなふうに、さまざまな歴史的な出来事に影響を与えているのです。

　一見まったく関係ないように見えても、実は世界は密接につながっている……。そういう目線で物事を捉えてみると、まったく違う世界が見えてくるかもしれません。

　当時、日清戦争の日本の勝利を伝え聞いたヨーロッパの多くの国が「眠れる獅子（清朝）を、あの豆粒みたいに小さい日本が倒したぞ！」と驚いたといわれています。しかし、この日本の勝利は、清朝が大きかったからこそもたらされた、と考えることもできるわけです。

産業革命

砂 糖

皆さんは、砂糖は好きですか？

多くの料理に使われている砂糖ですが、

この砂糖が持つ魅力は、

昔から多くの人々を魅了してきました。

人と砂糖が関係する中でも一番大きな出来事、

それは、実はイギリスの産業革命なのです。

産業革命が砂糖に支えられて

実現された……と言ったら、

皆さんは信じられるでしょうか？

イギリスの

産業革命が

成功したのは

砂糖が

あったからだ

砂糖は、暑い所と寒い所で作られる

砂糖が何から作られるか、ご存じですか？　これは2つ答えがあって、ひとつはサトウキビ。熱帯や亜熱帯で育つ作物ですね。日本では沖縄で栽培されています。

もうひとつはテンサイ。冷帯で育つ作物です。日本では北海道で栽培されています。

サトウキビもテンサイも、ある程度気温が高い、または低い地域で栽培されます。日本でも本州ではあまり栽培されていませんし、ヨーロッパでも同様です。気温の高いブラジルやエジプトでサトウキビが、気温の低いロシアでテンサイが作られています。

実は、この砂糖の特徴は、世界史に大きな影響を与えていくのです。

Logic 2

ヨーロッパで、飲み物に入れる砂糖が広まる

ヨーロッパに本格的に砂糖が広まっていったのは、1492年、クリストファー・コロンブスが新大陸を発見したことがきっかけでした。

大航海時代が始まり、新大陸から多くのものが流入する中で、砂糖も徐々に浸透していったのです。

皆さんが一番気軽に砂糖に触れる機会って、どんな時でしょう？ そう、コーヒーや紅茶を飲むときですね。

喫茶店で「砂糖はいくつつけますか？」と聞かれるように、砂糖は飲み物に入れることが多いわけです。

実は砂糖の普及を語る上で欠かせないのが、コーヒーや紅茶の存在。どちらも17世紀以降に大量にヨーロッパに輸入され、飲む習慣が生まれました。コーヒーと紅茶に入れる砂糖を、ヨーロッパの人々は求めはじめたのです。

イギリスで、ティータイム の文化が生まれる

特に砂糖を求めたのは紳士の国・イギリスでした。

イギリスではこの頃、優雅にお菓子を食べながら紅茶を飲む習慣が普及していきます。いわゆる「ティータイム」というやつですね。

はじめ、この習慣は上流階級の貴族のみのものだったのですが、だんだんと一般大衆にも広がっていきます。それと同時に、どんどん砂糖と紅茶の需要が増えていきます。

イギリスは、砂糖と紅茶を求めていろんな国と貿易していきました。

イギリス、いろんな国から砂糖を輸入する

こうして砂糖の需要が増えていくと、当然ながら砂糖の生産量も増えていきます。

新大陸の地主「この土地で何を作れば儲かるかなー？」

イギリス「ねえねえ、砂糖作ってくれない？　俺たち買いまくるからさ！」

地主「マジ？　砂糖だったらいっぱい買ってくれるの？んじゃ、サトウキビ作って、あんたらに砂糖売るよ」

イギリス「いいね！」

……と、こんなふうに、新大陸でもサトウキビのプランテーションが盛んになっていきます。どんどん作ってもその分イギリスが買ってくれるので、サトウキビの農地は一気に増えていきました。

こうして砂糖が多く輸入されるようになると、またたく間にイギリスの一般家庭でも砂糖を求めるようになっていきました。

どの家庭でも、紅茶に砂糖を入れて飲むようになったのです。**ちなみに、紅茶の輸入も中国やインドなどから増加しており、これらの国とは「もっと紅茶をよこせ！」と、戦争にまでなってしまうこともありました。**イギリス人のティータイムにかける思いが、それだけ強かったということでしょう。

　この文化は今でも残っていて、日本にも大きな影響を与えていますね。「午後の紅茶」という飲み物を飲んだことのある人も多いのではないでしょうか？

労働者のエネルギー源として 紅茶に砂糖を入れるようになる

こうして紅茶が流行していく中で、世界史におけるビッグイベントが起こります。

そうです。以前にも登場した、「産業革命」です。

この産業革命、ざっくり言うと「機械を使って生産性をアホみたいに上げる」というイノベーションなのですが、実はこれ、「紅茶に砂糖」の習慣に支えられたものだったのです。

砂糖というのは、非常にカロリーが高い調味料です。ダイエット中の人などはカロリー制限が当たり前になっていますが、この時代においてはカロリーはとても重要なものでした。

産業革命が起こってからというもの、イギリスの労働者は、文字通り昼夜を問わず働き続けることになりました。1日14時間労働なんてザラで、16〜18時間労働になることも珍しくなかったようです。

そんな過酷な状況でも働くことができた理由、それが「紅茶に砂糖」だったのです。

労働者は、紅茶に砂糖を入れてポットで持ち運んでいました。そして、休憩時間に飲んだのです。

そうすることで、砂糖のカロリーが労働者にとっては重要な栄養源になり、長時間の過酷労働にも耐えることができた、というわけです。

Logic 6

労働者たちの頑張りで
無事産業革命が成功する

こうしてイギリスの生産性は爆発的に向上し、産業革命は成功しました。

この後、産業革命で作られた製品を外国に売り、代わりに茶や砂糖を得る貿易を行い、イギリスは砂糖と紅茶、そして富を集めていきます。そのサイクルによって、どんどん砂糖が手に入りやすくなっていくのでした。

砂糖と産業革命には、このような関係があるのです。

塩と違い、自然に生まれることがない砂糖は、いつの時代も、どの地域でも、人々を魅了してきました。それもそのはず、**砂糖には、コカインの8倍もの中毒性がある**といわれています。

その魅力が、もしかしたら産業革命以外の出来事にも影響しているかもしれません。ぜひ皆さんも、砂糖やほかの調味料による社会変革を探してみてください。きっと面白い会話のネタになるはずです。

砂漠

英 語

世界の公用語たる英語は、

どのようにして作られたのか。

この問いに対する答えはさまざまです。

「第2次世界大戦にアメリカとイギリスが勝ったから」

「イギリスが世界の覇権を握ったから」

「言語学的にいうとゲルマン語からの派生だ」

などなど。

(上の3つは、すべて東大の友達から聞いた回答です)

しかし、僕の考えは違います。

「ユーラシア大陸に大きな砂漠があったから」

というのが僕の答えです。

英語が

生まれたのは

ユーラシア大陸に

砂漠が

あったからだ

Logic 1

モンゴルには、広大な
ゴビ砂漠が広がっている

モンゴルは、国土のほとんどが砂漠。だから農業には適していません。**なぜ砂漠が多いのかといえば、理由は単純で、海が遠いからです。**

　海の近くであれば、湿度の高い風が吹いて雨が降ることも多いのですが、海から遠くにあるモンゴルでは雨が少ないため、長い年月をかけて砂漠になっていきました。

　つまり、内陸は砂漠が作られやすい場所なのです。このようにして作られる砂漠のことを「内陸砂漠」というのですが、ユーラシア大陸をはじめとする大きな大陸にはこの「内陸砂漠」が非常に多いのです（有名なもので言えば、中国のタクラマカン砂漠もこの内陸砂漠にあてはまります）。

　そして、モンゴルの国土の多くを占めるゴビ砂漠も、この内陸砂漠なのです。

砂漠には、定住しない遊牧民がいる

砂漠に住む人たちがどのような生活を送っているか、ご存じですか？

　先ほどお話しした通り、農業はできません。本書でも何度も登場していますが、農作物を育てるには降水量が必要。雨が降らない砂漠では農業ができないのです。

　そこでモンゴルの人たちが編み出したのが、「遊牧」という形態です。遊牧というのは、飼育する馬や羊を草原に放ち、草を餌として食べさせ、草が少なくなってきたらほかの草原に連れて行くというもの。飼っている動物とともに移動するので、定住せずにいろいろな所に移動する生活を送ります。一定のところに止まることをしないわけです。こうした生活を行うのが「遊牧民」と呼ばれる人たちです。

失う土地のない遊牧民、
容赦なく他国を攻める

さて、この遊牧民が、世界史において世界を引っかき回す「ジョーカー」になるのです。

一定の場所にとどまることなく、さまざまな地域に顔を出す遊牧民たちの中には、隣国を攻めたり他の地域を襲って生活するものも現れます。**根無し草のために攻められる領地もない遊牧民は、簡単に隣国を攻められるのです。**

有名なのは、「元寇」として日本にも攻めてきた、フビライ・ハン率いる「元」ですね。あの一件は、中国をモンゴルの遊牧民族が支配し、日本にまで攻めてきた一例です。

それより前に、ヨーロッパに大きな影響を与えた民族がいます。中国では「匈奴」、ヨーロッパでは「フン族」と呼ばれる遊牧民族集団です。匈奴は始皇帝の秦を、フン族はヨーロッパを攻めました。

攻められたゲルマン人、民族ごと逃げ出す

フン族がヨーロッパに攻めてきた当時、ヨーロッパで多くの人種を占めていたのは、ゲルマン人と呼ばれる人たちでした。

フン族「おらあ！　金目のもの出せやコラ！」

ゲルマン人「ひー、こわいよー、逃げよう！」

こうしてゲルマン人は、フン族から逃げるように民族移動をはじめます。これが、俗に言う「ゲルマン人の大移動」というやつです。

本当にフン族が攻めてきたから移動したのかについては諸説あるのですが、少なくとも原因の一端になったことには変わりありません。

砂漠×英語 | 279

Logic 5

ゲルマン人、現在の イギリスに落ち着く

　このゲルマン人の大移動が、後のヨーロッパ世界に対し、非常に大きな影響を及ぼします。

　フン族に攻められたあと、ゲルマン人は、今度は同じようにほかの国を攻めだしたのです。

　先ほど「元が日本を攻めた」という話をしましたが、皆さんはその結果どうなったのかご存じでしょうか？

　はい、そうです。「**何も起きなかった**」。

　日本はさまざまな偶然と幸運が重なった結果、奇跡的に元を退けることに成功しました。

　しかし、まったく同じような状況にあったある島国は、外敵を退けることができませんでした。皆さんご存じ、イギリスです。

　イギリスも日本も小さな島国で、緯度も同じくらいで、大きな大陸が近くにあり、類似点は非常に多いです。そしてイギリスも日本と同じく、ある民族に攻め込まれてしま

います。

　それが、先ほどご紹介したゲルマン人。イギリスは、フン族が攻めてきた後に移動したゲルマン人によって征服されてしまいます。

　もともとイギリスはケルト人の国だったのですが、フン族を恐れて移動してきたゲルマン人に征服されてしまったのでした。

　以降、現在までずっと、イギリスはゲルマン系の国として続いています。

ゲルマン人、イギリスで英語の基礎を築く

このことがどうして英語の形成とつながるかというと、英語はこのゲルマン人の征服があったために「ゲルマン語」の一種なのです。

世界の言語は、ゲルマン語系・ラテン語系・スラブ語系などに分けることができるのですが、英語はゲルマン語系です。

もともとケルト語系だったイギリスは、この時ゲルマン語系になり、今もそれを使い続けているというわけです。

もしユーラシア大陸がもう少し小さくて砂漠がなかったら、フン族がゲルマン人を攻めることもなく、ゲルマン人がケルト人を攻めることもなく、英語は英語ではなかったかもしれない……。

そんなふうに、いろんな妄想をすると楽しいのでオススメです。

余談ですが、ゲルマン人も生産性の低い土地で生活して

いたことがわかっています。ゲルマン人もフン族も、土地が肥沃でないためにその土地に固執する理由もなく、すぐにほかの場所に移動するということですね。

逆に、イギリス人も私たち日本人も島国に住んでいますから「民族そろってほかの場所に行く」ということはまれでした。もともと住んでいた場所によって、こんなに違いが出てくるというのは、本当に面白いですね。

余談なのですが、英語というのはこのようにしてさまざまな国の征服や戦争の結果として作られた「ゲルマン語」を源流にしながらも、そのほかの国の影響も大きく受けています。

もともと住んでいたラテン語系やロマンス語系も含まれていることが分かっています。多くの言語が取り入れられた言語であるために、英語を理解することを苦に感じないヨーロッパの国というのは多く、それが「国際公用語」としての地位を確固たるものにしている……そう考えることもできるのです。

砂漠

民主主義

さて、フン族の攻撃をキッカケに始まった

ゲルマン人の大移動は、

現代にもつながるさまざまな影響を与えています。

たとえばキリストだったり、ナポレオンだったり、

ベートーベンだったり、

果ては現代の民主制だったり……。

ユーラシア大陸の砂漠の話がいったいどうして

そこまでつながるのか、

お話ししたいと思います。

民主主義 が

生まれたのは

ユーラシア大陸 に

砂漠 が

あったからだ

ゲルマン人の大移動で、
キリスト教世界が分裂する

ゲルマン人の大移動が起こした、その後のヨーロッパ世界に一番大きな影響を与えた出来事。それが「ローマ帝国の分裂」でした。

当時最大の力を持っていたローマ帝国を、ゲルマン人は分裂させたのです。

当時のローマ皇帝がゲルマン人との戦いで戦死し、「俺が皇帝だ！」という人が2人出てきてしまい、その両方がゲルマン人と戦っていった結果、「西ローマ帝国」と「東ローマ帝国」が作られるようになったのです。

日本には「南北朝時代」という時代がありました。これは、2人の人物が天皇であると主張して、南の朝廷と北の朝廷という2つの王朝ができてしまった時代でした。これと同じことが、ローマ帝国でも起こったというわけです。

Logic 2

「西ローマVS東ローマ」
の構図になる

　　んなわけで、ヨーロッパは、さまざまなものが西と
そ　　東に分かれていきます。

　宗教では、キリスト教が西はカトリック、東はギリシャ正教と分かれました。

　国も、「西ローマ帝国」の継承であるフランク王国と「東ローマ帝国」の継承であるビザンツ帝国とに分かれました。

　そして、一番大きく分かれたのは、「皇帝」でした。

　日本語で言うと「皇帝」も「王様」も「天皇」もあまり違いがないように思えますが、ヨーロッパで言うところの皇帝は「King of king（王の中の王）」。ローマ帝国の継承者しかこの肩書きを名乗ってはいけない、という暗黙のルールがあったのです。

　だからこそ、「王様」はいくらでもいたのですが、「皇帝」というのは、この時代以降、長らくフランク王国とビ

ザンツ帝国の2国以外に存在しなくなりました。

　3人以上が皇帝を名乗るということは、暗黙の了解を破ってしまうことにほかなりません。ですから、原則的に皇帝の人数は2人だったのです。

　2人以上の人物が皇帝を名乗ることなく、1000年近い月日が流れることになりました。

Logic 3

「皇帝」の肩書きが 最強扱いされる

西の皇帝、東の皇帝。ヨーロッパにおいて、この2つの皇帝は非常に重要になってきます。

具体的に言うと、この分け方は1500年にわたって存続し、今でも、その分け方の名残がヨーロッパの社会のいろんなところに見られます。

日本で言うところの南北朝問題（国のトップが二人いる状態）が、ヨーロッパでは解決しなかったということです。

なぜこの「西」「東」の分け方が重要になってくるかというと、「ローマ帝国」という国家が、それだけヨーロッパの人々にとって大きかったということでしょう。

ヨーロッパ世界を平定し、今にも残るような統治のシステムを構築した偉大なる帝国・ローマ。この権力を継承しているかいないかというのは、実はすごく大切なのです。

しかもローマという国は、「キリスト教を保護する」ことをしていた国でもあります。「みんなの信仰を守るため

に天が皇帝に権力を授けている」という考え方があり、それをヨーロッパの人々は信じてくれるのです。「信仰を守る人なら、権力があるのも仕方ない」と。

権力には、権威が必要です。人から「すごい！」と思ってもらうためには、「すごい！」と言われるような実績がないといけないのです。

その権威づけに、ローマというのは最適だったわけです。だからこそ、皇帝は特別な肩書き。おいそれとは名乗ることができない、神聖なものだったのです。

そう、ある人物の登場までは。

ナポレオン登場。
みずから皇帝を名乗る

　その人物の名前は皆さんもよくご存じだと思います。ナポレオン・ボナパルト。弱小貴族から皇帝まで上りつめた、フランスのスーパースターです。

　時は 18 世紀末。フランスでは「自由で平等な国を作ろう！」「王様とか貴族とかが権力を独占しているのはおかしい！」というフランス革命が発生していました。

　今では当たり前の考え方ですが、この考え方は当時の国家にとっては異端なもの。「いや、あれと同じことがウチの国で起こったら大変だぞ……！」と、ほかの国々はフランスを攻撃するようになりました。

　そんな時に彗星のごとく現れたのが、ナポレオンだったのです。ナポレオンは他国からの侵略を止め、革命後のフランスを取りまとめるリーダーとなりました。

　ナポレオンはいろんな改革をし、今にも残るようなイノベーションをたくさん起こしているのですが、その中でも

一番イノベーティブだったのは「自分自身が皇帝を名乗ってしまう」ということでした。

　ナポレオン「俺は皇帝だ！」

　隣国「ええ！？　こ、皇帝ってお前……！」

　ナポレオン「何か問題でも？」

　隣国「だ、だって、皇帝って、そんな簡単に名乗っていいものじゃないだろ！？」

　こんなふうに隣国から睨まれ、「なんだよあいつ」といろんな人から嫌われるようになりました。

　ただ、嫌われると同時にナポレオンは注目を集めもしました。ナポレオンが皇帝を名乗ることで、権力を自分のものにしたことは間違いありません。

「皇帝！　ナポレオンは皇帝なのか！　それなら従わなきゃ！」と、「皇帝」という肩書きだけで、ナポレオンのことをすごいと感じる人が出てきたのです。これが、ナポレオンの狙いだったのかもしれません。あえて自ら皇帝を名乗ることで、自分の権力を確固たるものにしようとたくらんだのです。

Logic 5

裏切られたベートーベン、ナポレオンにブチギレる

　しかし、皇帝ナポレオンの覇権は長くは続きませんでした。

　というのは、ナポレオンが皇帝になったことで、逆に「絶対王政って、よくないよね」という価値観がより広く広まることになったためです。

　どういうことかご説明します。ただそのためには、ある人物のことを紹介する必要があります。

　皆さんも一度は音楽室で肖像画を見たことがあるはずの、あの人。ドイツが生んだ大音楽家・ベートーベンです。

　ベートーベンは、小さい頃は決して裕福な家庭で育ったわけではありませんでした。

　苦労して生計を立てたベートーベンは、青年時代には当時流行っていた「身分の違いとか良くないよ！　人は生まれながらにして平等なんだぜ！」という、フランス革命の思想にどっぷり浸かっていたのです。

ナポレオンが台頭するキッカケになったフランス革命は、こうした「自由・平等・博愛」という精神をヨーロッパの多くの国に拡散するものであり、そしてナポレオンは、革命を収拾した大英雄でした。

　これを見たベートーベンは、身分が高いわけではないのに、王侯貴族の牛耳る国を市民の国に変えたナポレオンを見て「すごい！　あの人は英雄だ！」と感銘を受けました。ベートーベンの「英雄」という曲は、そんなナポレオンを見て作った曲だと言われています。

　しかし、そんな彼が「皇帝」を名乗ったらどうなるでしょうか？

　皇帝というのは、すごく権力がある人物です。「これからフランスは市民の国になるんだ！　自由で平等な国ができるんだ！」と考えていたベートーベンにとって、これはひどい裏切りでした。

　「あいつなら、平等な世界を作ってくれると思ったのに、皇帝になりやがった！　結局、権力がほしいだけだったのかよ！」と。

　ベートーベンはこの一報を受けて、自分で作った「英雄」の譜面を破り捨てたといいます。

　こんなふうに、ナポレオンが皇帝になったことで、多く

の人は「裏切られた！」と思ったわけです。

　面白いのは、本来であれば誰も「裏切られた」なんて思わないはずだ、ということです。

　だって、王様が権力を持っていて、権力者がより強い権力を求めるのは

当たり前のことなのですから。

　それなのに「ナポレオンめ、皇帝になるなんて！」と民衆が怒ったのは、ほかならぬナポレオン自身が、自由と平等といった、フランス革命の精神をヨーロッパに広めていたからなのです。

「やっぱりナポレオンじゃだめだ！」

「俺たちで自由で平等な国を作らなきゃ！」

　民衆は、そう考えはじめるようになっていきました。

Logic 6

絶対王政が崩壊。
民主主義へと移行する

そして、1812年。ナポレオンが皇帝になってから8年後、ナポレオンはロシアに大敗北を喫することになります。

これがきっかけとなって各地で反ナポレオンの動きが起こり、各国も反ナポレオンで結託し、ナポレオンに戦争を仕掛けました。

これによって、ナポレオンはついに歴史の表舞台から消えることになったのです。

この一連の出来事により、ヨーロッパはすっかり「自由と平等」の流れになりました。

「王様ひとりが強い国とか、もうダサいよね」という風潮ができてしまい、「フランス革命前の時代に戻ろう！」という国際政治の結託である「ウィーン体制」も、すぐに壊れてしまうことになります。

ウィーン体制の中心人物であるメッテルニヒは、こんな

言葉を残しています。

「傾きかけた家につっかい棒をし、ひび割れをふせぎ、腐食を止めようとしていた」

　意訳すると、「もうマジ無理」ってことです。それくらい、もうヨーロッパは「自由で平等な国づくり」が求められるようになったのです。

　こうして、王様が絶対的な権力を持つ時代は終わりを告げ、今に残るような民主的な国民国家が作られたのです。

　皮肉なことですが、ナポレオンが皇帝を名乗らなかったら、今にも残っているような自由と平等の精神は広まっていなかったかもしれません。

　そして、民主主義が作られることなく、今でも絶対王政が残っていて、選挙もなくて誰も王様の言うことに逆らえない世の中ができてしまっていたかもしれません。

　もちろんこれはただの憶測ですが、フランスだけが王様がいなくなっただけで、今も多くの国が王政を敷いていたのかもしれません。

　たったひとつの砂漠から、こんなところまで話が広がる……ということもあります。皆さんもぜひ、地形が今に与えている影響を考えてみてはいかがでしょうか。

おわりに

2006年、東大の二次試験の地理で、全国のバス停の時刻表や成田空港の飛行機の時刻表を載せて**「この時刻表、どれがどこの時刻表なのか答えられますか？」**という問題が出題されました。

過去問としてはじめてこの問題を見たとき、僕は「なんでこんな問題が！？」「こんなの教科書に載ってないじゃん！」とすごく驚きました。いったいどうしてこんな問題が出題されているのか理解できなかったのです。

でも、この問題の次の問題を見たときに、僕はハッとしました。

「なぜそう考えたのか、その理由を説明しなさい」

という問題が、セットで出題されていたのです。

ただ単にどのバス停がどの地域なのかを覚えているかどうかを問うのではなく、**「なぜ、そうなるのか？」**を思考できているかどうかが、この問題では問われていたのです。

僕はそれまで、時刻表に対して、「じゃあどうしてこの時刻表はこの時間に人が多いんだろう？」「この時間にバスが来ないのはなんでだろう？」と考えたことがありませ

んでした。だからこの問題も答えられなかったし、同じように

ほかの問題にも手も足も出ませんでした。

　だからこそ僕は、「**ひとつの物事を深掘りして、知識と**

知識をつなげる思考」を身の回りの物事からするようになっ

たのです。そうすると、いろんなものが見えてくるように

なりました。

　第二次世界大戦の根本は、なんなのか？

　待機児童問題の背景にあるのは、なんなのか？

　そんな思考を続ける中で、知識と知識をつなげる能力、

つまり教養力を身につけることができたのだと思います。

　この本でご紹介したお話は、深掘りするとあのとき僕が

「バス停」を答えられなかったから調べるようになったも

のであり、そしてそれは、東大の求める能力でした。

　さて、今度はみなさんの番です。この本が、みなさんの

教養を深めるほんの少しでも一助になるのなら、僕はとて

も嬉しいです。

　現役東大生の世界一おもしろい教養講座、これにて閉幕

です。ご静聴ありがとうございました。

　　　　　　　　　　　　　　　　　　　　西岡壱誠

参考文献

『珈琲の世界史』旦部幸博著、講談社現代新書

『最新 世界情勢講義50』パスカル・ボニファス著、ディスカヴァー・トゥエンティワン

『砂糖の世界史』川北稔著、岩波ジュニア新書

『自然地理学』松原彰子著、慶応義塾大学出版会

『ソ連崩壊1991』石郷岡建著、書苑新社

『第一次世界大戦開戦原因の再検討』小野塚知二著、岩波書店

『データブック オブ・ザ・ワールド』二宮書店編集部編、二宮書店

『マッキンダーの地政学』ハルフォード・ジョン マッキンダー著、原書房

『歴史を変えた6つの飲物』トム・スタンデージ著、楽工社

本書の講座が動画になった！

東大生が絶賛する受験マンガ『ドラゴン桜』の桜木先生と
本書の著者である現役東大生・西岡壱誠氏の
コラボ動画がYouTubeチャンネルで見られます。

本チャンネルには、本書内のトピック「世界大戦×石炭」に関する
二人のオリジナル講義が収録されています。
リアルなバーチャルYouYuberの桜木先生と可愛い2Dキャラの西岡氏による
最強の講義で、本書の理解をさらに深めてください。
再生数しだいで、トピックが増えていくかも……？

● ドラゴン桜チャンネル
https://www.youtube.com/watch?v=qAY2BfZvwY8

西岡 壱誠　にしおか・いっせい

東京大学経済学部4年生。歴代東大合格者ゼロの無名校のビリだったが、
ひょんなことから無謀にも「偏差値35からの東大受験」を決意。2浪が決まり
危機的状況に陥るも、知識と知識のつながりを重視した「地理的思考力」を鍛えた結果、
地理だけでなくあらゆる科目の成績が飛躍的に向上。東大模試全国4位を獲得し、
逆転合格を果たす。東大で40年以上の歴史を持つ書評誌「ひろば」編集長、
人気マンガ『ドラゴン桜2』(講談社)へ受験や学習全般に関するリサーチ・情報提供を行う
「ドラゴン桜2東大生プロジェクトチーム『東龍門』」のリーダー、2019年5月にリリースされた
勉強系webマガジン、「Study-Z」の編集長を務めるなど、多方面で活躍している。
自身の体験と東大生への取材をもとに編み出した勉強法を公開した著書が評判となり、
全国の高校から講演依頼が引きも切らない。著書は18万部を突破したベストセラー
『東大読書』、7万部を突破した『東大作文』(以上、すべて東洋経済新報社)など多数。
趣味はボードゲーム。夢は、東大生の運営するボードゲームカフェを作ること。
● Study-Z　https://study-z.net

現役東大生の世界ーおもしろい教養講座

2019年6月20日　初版第1刷発行

著　者　　西岡壱誠
発行者　　小山隆之

発行所　　株式会社実務教育出版
　　　　　〒163-8671　東京都新宿区新宿1-1-12
　　　　　電話 03-3355-1812(編集)　03-3355-1951(販売)
　　　　　振替 00160-0-78270

編　集　　小谷俊介
装　丁　　寄藤文平＋古屋郁美(文平銀座)
写　真　　アマナイメージズ、共同通信社
校　正　　鷗来堂
著者エージェント　　アップルシード・エージェンシー

印　刷　　精興社
製　本　　東京美術紙工